KB234719

손정빈의 환영

일러두기

이 책의 판형은 125*188이다.

표지와 내지의 재질은 각각 CCP250g, 미색모조100g이며, 표지는 유광코팅
하였다.

서체는 주로 **아르바나**가 쓰였다. 이 밖에 Sandoll 그레타산스 등도 적재적소에
쓰였다.

이 책의 표지는 별색(PANTONE Orange 021C)과 먹의 2도, 내지는 먹 1도
무선 제본이며, 오프셋 인쇄방식으로 제작되었다.

우리의 자리
손정빈의 환영: 영화관을 나서며

2022년 9월 12일 초판 1쇄 발행

지은이: 손정빈
기획총괄: 지다율
편집: 김윤우
표지 및 내지 디자인: 기경란
발행처: 출판공동체 편않
등록일: 2022년 7월 27일
홈페이지: editorsdontedit.com
이메일: editors.dont.edit@gmail.com
인쇄: 제일프린팅
ISBN 979-11-979810-2-9 (03070)
ISBN 979-11-979810-0-5 (세트)

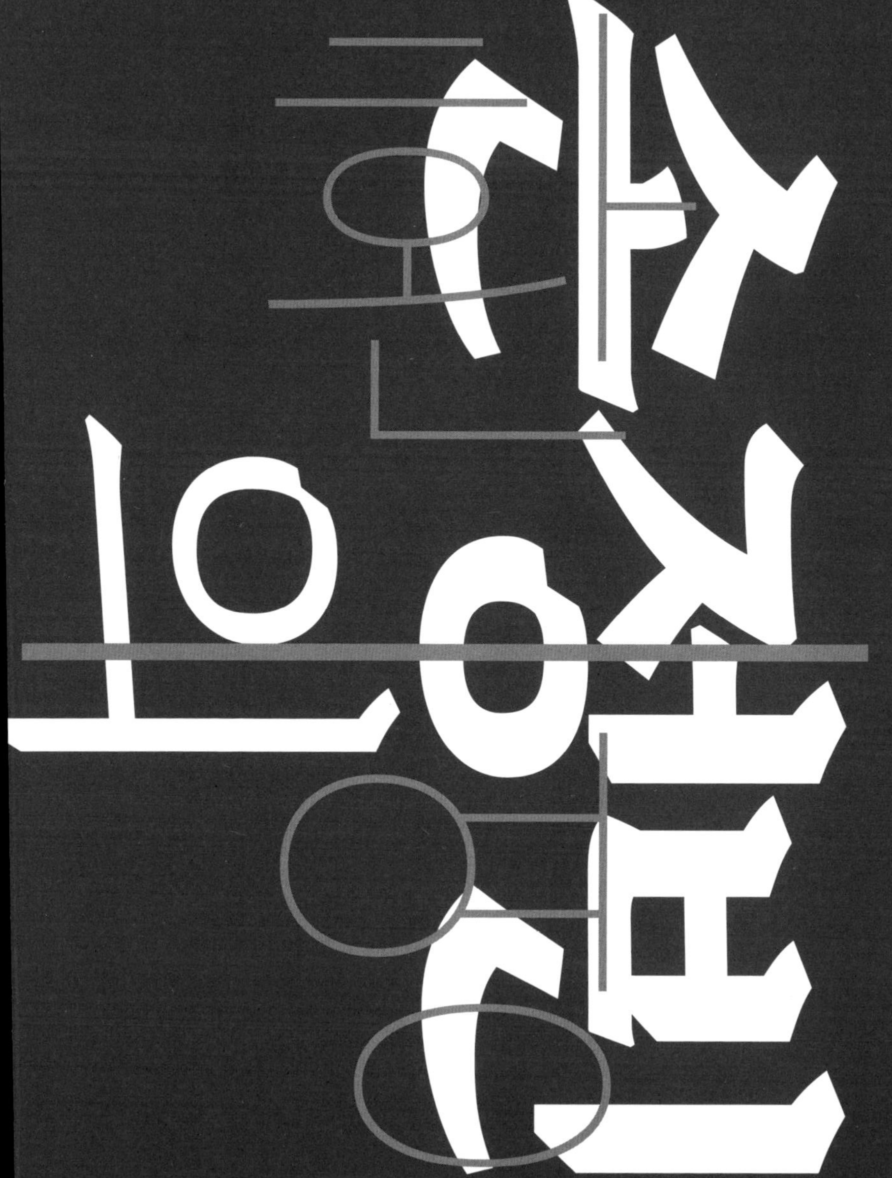

차례

영화 따위
필요
없다고
생각했는데

안희정은 울고 있었다. 아침에 시작한 재판이 저녁이 다 되어서야 끝난 날이었다. 그날에는 안희정 측 증인들에 대한 신문(訊問)이 있었다. 말하자면 그들은 이 재판에서 안희정 쪽에 선 사람들로, 안희정에게는 유리하게 그리고 김지은에게는 불리하게 진술하는 사람들이었다. 그렇다고 해서 그 증인들이 안희정의 심복 같은 사람들이었던 것은 아니다. 그들이 정치인 안희정을 위해 일했던 것은 맞지만 연령대로 보나 맡았던 업무 내용으로 보나 말단 직원에 가까웠다. 그런 그들의 진술이 이어지자 안희정이 눈물을 보인 것이다. 증인 중 한 명이었던 직원이 안희정을 적극 옹호하고 나서자 시종일관 무표정이었던 그의 얼굴이 갑자기 일그러졌다. 분명 울고 있었다. 그 직원은 진술을 마치고 안희정에게 다가가 90도로 꾸벅 인사했고, 안희정은 그의 손을 잡고 어깨를 토닥였다. 방청석에 있던 나는 안희정의 바로 그 모습까지 텍스트로 정리한 후 그날 재판에서 나온 진술을 바탕으로 기사를 썼고, 그 기사 말미에는 안희정이 재판 후 눈물을 보였다는 내용을 추가한 후 송고했다.

2018년 여름은 '안희정 재판' 취재로 바빴다. 1심 재판은 그해 6월 중순에 시작되어 같은 해 8월 14일 1심 선고 결과가 나올 때까지 두 달이 걸렸다. 재판부는 집권 여당 차기 대권주자의 성폭력 사건인 만큼 집중 심리를 했고, 재판이 한창이던 7월에는 일주일에 네 번까지 공판 기일이 잡혔다. 재판은 아침에 시작해 저녁까지 이어지는 경우가 잦았고 재판부가 기자에게 노트북 사용을 허락하지 않아 하루 7~8시간 진행된 재판에서 나온 말들 전부를 스마트폰으로 기록해야 했다. 몸도 축났고 정신적 피로도 상당했다. 짧은 시간 안에 그 많은 워딩 중 필요한 부분만 뽑아내 기사를 쓰는 것은 꽤나 고통스러운 일이었고, 사건의 무게가 주는 압박도 상당했다. 그래서 그냥 기계처럼 일했다. 출근해서 취재하고 기사 쓰고 퇴근했다. 최대한 덜 피곤하려면 감정 없이 일해야 했다. 안희정이 눈물을 보인 날도 그랬던 것 같다. 이번 재판에서 그가 눈물을 보인 것은 처음이었으니까, 기사에 넣기 위해 그 장면을 기록했고 그 기록을 바탕으로 그가 울었다는 것을 기사에 한 줄 녹여 넣었다.

¶

　일을 마치고 서부지법이 있던 마포에서 광화문으로 넘어가 버스를 잡아탄 뒤, 여느 때처럼 눈을 좀 붙이려는데 안희정에게 인사하던 직원과 그가 진술할 때 울던 안희정의 모습이 문득 떠올랐다. 현장에서는 그 장면에 아무런 느낌도 받지 않았다. 긴장이 풀려서였을까, 자꾸 그 장면이 묘하게 느껴졌다. 안희정이 재판장에서 운 것은 그때가 처음이었다. 간혹 재판을 받는 상황이 괴로운지 인상을 쓰기도 하고 몸을 비틀며 자세를 고쳐 앉기도 했지만, 그렇게 감정을 드러낸 적은 없었다(이후 재판에서 아내가 증인으로 나왔을 때에도 그는 울지 않았다). 그런데 안희정이 자신과 그렇게 관계가 깊어 보이지 않는 젊은 직원을 보고서 눈물을 흘린 것이다. 그동안 쌓인 감정이 마침 그때 터져 버린 것일까. 자신의 범죄 행위를 어떻게든 숨기기 위해 말단 직원까지 동원했다는 자괴감 때문일까. 자신을 위해 증언대에서 목소리를 높이는 저 젊은 직원에게 고마워서였을까. 나는 알 수 없었다. 내가 본 것은 인사하는 직원과 우는 안희정, 내가 쓴 것은 안희정이 눈물을 흘렸다는 팩트 하나였다.

　그날 이후 안희정 재판 취재에 들어가면, 전에는 전혀 관심도 없었던 것들이 궁금해졌다. 나는 이 재판과 엮인 사람들이 궁금했다. 그들의 사정을 알고 싶었다. 이 사건을 맡은 판사들, 안희정을 기소한 후 공소 유지를 담당하던 검사들, 안희정을 옹위하는 변호인들, 상반된 주장을 하는 증인들, 각기 다른 입장으로 방청석에 앉아 있던 시민들, 김지은을 보호하던 시민단체, 안희정을 지키려는 그의 정치적 동반자들, 그리고 김지은, 그리고 안희정. 일단 그들의 입에서 쏟아져 나온 수많은 말로 기사를 만들어서 보내고 나면, 퇴근길 버스에서는 그 말들 속에 담긴 갖가지 속내를 추측해보고는 했다. 이 재판에는 수많은 인생이 걸려 있었으니까, 그 말들에 분명 그들 각자의 인생이 있을 것이다. 양측 주장이 격렬하게 맞부딪히는 날에는 특히 더 그랬다. 그러나 나는 단 한 번도 그들의 마음을 혹은 그들의 사정을 알 것 같다는 느낌을 받지 못했다. 나는 그들의 주장과 그 주장들에 섞인 사실들을 골라내 기사로 쓰는 것만 할 수 있었고 그것 외에는 알 수 없었다.

¶

영화 담당 기자를 하다가 사회부 발령을 받은 것은 그해 봄이었다. 인사가 있기 두어 달 전부터 편집국에는 내가 문화부에서 나가게 될 것이라는 이야기가 돌았다. 영화 기자를 조금 더 하고 싶었지만, 이번에는 정말 타 부서 발령을 피할 수 없을 것 같은 느낌이 들었다. 정치부에 있다가 다시 영화를 맡았던 지난 2년간, 당시 편집국장, 정치부장, 사회부장에게 수차례 호출을 받았다. 내용은 다 똑같았다. 문화부에서 나오라는 이야기였다. 그때마다 버텼지만, 2018년 봄 정기 인사 때에는 더 이상 고집을 부릴 수 없는 상황이었다. 그렇게 사회부 사건팀으로 가라는 지시가 떨어졌다. 사회부에서 일하는 것은 수습기자 시절 4개월 정도 교육을 받은 이후로 처음이어서 적응 기간이 필요했다. 내가 앞서 했던 영화 담당이나 정당 출입과는 업무 방식도, 기사를 쓰는 방법도 달라서 바쁜 것도 없이 바빴다. 그렇게 나는 조금씩 영화와 멀어졌다. 그러고 나서 하나둘 본격적인 업무를 맡게 되면서부터는 영화를 보지 않고 보내는 시간이 길어졌다.

영화를 안 봐도 아무렇지 않았다. 사회부 발령 직전까지 나의 경력 대부분은 영화 기자였다. 영화를 좋아했고, 영화 기자 일은 더 좋아했다. 내가 이 일을 얼마나 사랑했느냐면, 출근이 싫었던 적이 단 한 번도 없을 정도였다. 이것보다 나에게 더 잘 맞는 일은 없다고 생각하기도 했다. 그런데 그 일이, 그 영화가, 내가 당장에 처리해야 하는 다른 업무들에 밀려 그렇게 빠르게 멀어지는데도 크게 안타깝지 않았던 것이다. 이미 4년을 영화 기자로 살았기 때문이었는지도 모르겠다. 물론 언제든 다시 영화 기자로 돌아가고 싶은 마음이 있었지만, 사회부 일이 못 견딜 정도로 싫은 것도 아니었다. 영화를 취재하는 것과는 다른 매력이 있는 업무였다. 사실관계를 확인하고, 확인된 사실을 최대한 정제된 언어로 전달하는 것은 결코 쉬운 일이 아니어서 그런 일 역시 잘해 보고 싶었다. 굵직한 이슈 한가운데에 있다는 느낌도 나쁘지 않았다. 다시 말하지만 영화와 영화 기자에 대한 그리움이 사라진 것은 아니었다. 다만, 영화 같은 것은 없어도 사는 데 지장이 없다고 생각하기도 했다.

난 그렇게 사회부 기자 생활에 꽤 빠르게 적응했다. 영화를 취재할 때보다 편한 것도 있었다. 기사를 쓸 때 딱 떨어지는 팩트만 있어도 된다는 것이 그랬다. 난해한 영화를 보고 나서 리뷰를 어떻게 써야 할지 몰라 고민하지 않아도 되었고, 난삽한 인터뷰 내용을 펼쳐 놓고 어떻게든 스토리를 만들어 보려고 애쓰지 않아도 되었다. 사실관계를 확인하는 일이 쉬웠다는 것이 아니다. 그 역시 어려웠지만 끈기와 인내가 있다면 해결되는 부분이 많아 심플했다. 그러다가 '안희정 재판'을 맞닥뜨렸고, 안희정이 눈물을 보이는 바로 그 장면을 목격했으며, 그러고 나서 그때부터 내 기사가 답답했다. 나는 재판에서 있었던 일들을 사실 그대로 전달한다는 나의 역할을 충실히 수행했으나 내가 기록한 사실들만으로는 그 법정에 있던 사람들이 가지고 있는 진실에 가닿지 못하는 것 같다는 생각을 자주 했다. 기사에 한계가 자꾸 보여서 재판이 조금 괴로웠고, 정신없이 기사를 써서 보내고 나면 허무했다. 그렇게 1심 재판이 끝났고, 재판부는 8월 14일에 안희정에게 무죄를 선고했다.

¶

고레에다 히로카즈의 〈어느 가족〉(2018)을 본 것은 안희정 재판 1심 선고 후 얼마 지나지 않은 날이었다. 이 영화는 그해 7월 말 개봉했다. 이 작품을 보고 다시 영화가 절실히 필요해졌다. 최대한 빨리 영화와 재회하고, 영화 기자로 돌아가길 원했다. 〈어느 가족〉 후반부에는 안도 사쿠라가 연기한 노부요라는 인물이 경찰 조사를 받는 장면이 있다. 이 여자는 쥬리라는 어린아이를 유괴한 혐의로 경찰에 잡혀 들어와 있다. 다만 관객은 알고 있다. 노부요가 쥬리를 유괴한 것이 아니라 친모에게 학대받던 그 아이를 구조했다는 것을. 그리고 이 아이를 딸처럼 키우고 사랑했다는 것을. 쥬리도 노부요를 사랑하는 것처럼 보였다. 관객은 이 모든 상황을 목격했지만 경찰이 그 모든 사정을 알 리가 없다. 그들은 확인할 수 있는 팩트만 가지고 최대한 합리적으로 노부요를 조사한다. 팩트는 노부요가 집에 있던 아이를 데려갔다는 것, 노부요가 그 아이를 집으로 돌려보내지 않았다는 것, 노부요는 불임 문제로 전 남편과의 사이에서 아이를 가지지 못했다는 것이다.

경찰이 제시한 사실들은 말 그대로 사실이다. 그들이 자신을 유괴범으로 확신하고 있다는 억울함에 노부요는 조용히 항변한다. "낳으면 다 엄마가 됩니까." 경찰은 반박한다. "하지만 낳지 않으면 엄마가 될 수 없죠." 이 말은 팩트라서 노부요는 아무 말도 하지 못한다. 경찰은 또 노부요를 아프게 찌른다. "두 아이는 당신을 뭐라고 불렀어요? 엄마? 어머니?" 이때도 노부요는 반박하지 못하고 눈물만 흘린다. 그러니까 경찰의 팩트는 노부요의 진실에 전혀 가닿지 못하고 있었다. 마치 팩트는 힘이 강하고 진실은 취약하다는 것처럼, 마치 내가 썼던 기사가 그랬던 것처럼. 나의 기사는 사실들을 나열한 후 닫혀 버렸지만, 고레에다 감독의 영화는 팩트와 진실 모두를 담아내고 있었다. 그리고 그 간극이 얼마나 클 수 있는지를 드러내 보였다. 영화는 이렇게 기사로 할 수 없는 것을 하고 있었다. 바로 이게 내가 영화를 사랑했던 이유였다. 영화 따위는 없어도 아무렇지도 않은 것이 아니었고 나에게는 영화가 꼭 필요했다.

¶

8월 말 혹은 9월 초였던 것 같다. 퇴근 후 저녁을 먹으려고 아내와 함께 집 근처 낙지볶음집에 갔다. 저녁때가 조금 지난 시각이었기 때문에 식사를 마칠 즈음엔 우리 외에 손님이 없었다. 그때 한 중년 남녀가 식당 안으로 들어와 음식을 포장 주문했다. 여자는 뒤돌아 있어서 얼굴이 안 보였고, 남자는 등산복에 모자를 쓰고 있었다. 그 모습을 본 아내가 "안희정 아니냐"고 했다. 그 남자 얼굴을 제대로 보지 못한 나는 별생각 없이 "정말 안희정이랑 비슷하게 생겼다"고 말했다. 그런데 이상한 일이 벌어졌다. 우리 목소리가 조금 컸는지 그 남녀에게 들린 것 같았고, 안희정 이야기가 나오자마자 남자가 황급히 가게를 빠져나간 것이다. 뭔가 느낌이 이상해서 계산을 하고 나와서 그 남자를 찾았다. 남자는 차 안에서 내 시선을 외면하고 있었는데, 분명 안희정이었다. 낙지볶음집에서 안희정은 환하게 웃고 있었다. 함께 있던 여성은 법정에서 안희정과 김지은의 불륜을 주장했던 그의 아내였던 것 같다. 1심에서 무죄를 받았던 안희정은 이듬해 2월 항소심에서 징역 3년 6개월을 선고받았다. 그리고 2019년 9월 대법원이 형을 확정했다.

나는 왜 병천과 무당을 떠올리는가

친구가 차를 가지고 왔다. 할 일도 없는데 병천에 가서 순대나 먹고 오자고 했다. 순대를 병천까지 가서 먹을 정도로 좋아하지는 않는다고 잠깐 생각했지만, 이내 한번 가 보자면서 차에 탔다. 그 친구가 예전에 순댓국을 먹는 것을 몇 번 본 적은 있지만, 그도 병천까지 가서 먹을 정도로 순대를 좋아하지는 않았다. 차에 타서 "근데 병천이 어디냐"라고 묻자 친구는 "글쎄, 어디지, 네비 찍어 봐야지"라고 했다. "아는 식당이 있냐"라고 하자 "없다"라고 했다. 그렇게 우리는 병천에 갔고 아무 식당이나 들어가서 순댓국과 모둠 순대를 먹었다. 나는 학교를 일찍 들어가서 스물아홉이었고, 그 친구는 서른이었다. 우리는 몇 년째 취업을 못하고 있었다. 나는 그해 취업 막차를 타지 못하면 인생이 망가져 버릴 수도 있겠다고 생각했다. 그 친구에게 물어본 적은 없지만, 아마 그도 자신이 맞닥뜨린 현실이 조금 무서웠던 것 같다. 잠깐 도피해 버리고 싶었을 것이다. 내 마음도 그랬으니까. 그래서 친구는 순대를 먹으러 병천에 가자는 이상한 소리를 했고, 나는 그걸 별말 없이 받았다.

순대를 먹으러 가는 길에 점집을 한 군데 지나쳤다. 거기가 정확히 어디쯤이었는지는 잘 모르겠다. 점을 본 적이 있느냐는 이야기를 주고받다가 우리 둘 다 해 본 적이 없다는 것을 알았다. 집으로 돌아가는 길에 그 점집을 다시 봤다. 나는 잠깐 차를 멈춰 보라고 했고, 친구는 안 그래도 잠깐 멈추려고 했다며 갓길에 차를 댔다. 복비는 보통 한 사람당 5만 원 정도를 줘야 한다는데 우리는 둘이 합쳐서 5만 원밖에 없었다. 어떻게 할지 고민하다가 일단 얼마인지 물어나 보자며 점집 현수막에 적힌 번호로 전화를 걸었다. 컬러링은 박진영의 〈니가 사는 그집〉이었다. 다행히 복비는 한 사람당 3만 원이었다. 우리는 둘이 갈 테니 5만 원에 해 달라고 했다. 가 보니 가정집 안에 신을 모신 방이 있는 곳이었다. 무당은 중년 여성이었는데 전혀 무당 같지 않았다. 당연히 우리는 취업을 할 수 있는지, 원하는 회사에 들어갈 수 있는지에 관해서 물었다. 무당은 내게 절대 기자가 될 수 없다고 했다. 나와는 맞지 않는 일이라고도 했다. 집에 돌아와서 침대에 누웠더니 괜히 울적했다.

병천에 갔던 것은 2013년 초였다. 몇 달이 지나서 날이 꽤 따뜻해졌을 때에도 나와 그 친구는 취준생이었고, 우린 좀 더 지쳐 있었다. 친구가 여행을 가자고 했다. 유럽으로. 2주일 정도 머리를 식히고 와서 다시 해 보자면서 어차피 아직까지 취업 못 한 거 부모님께 마지막으로 돈을 빌리자고 했다. 우리는 일단 여권부터 만들었다. 하지만 나는 결국 안 가기로 했다. 그때까지도 나는 몇 달 전 무당이 했던 말을 가끔 생각했다. 왜인지 모르겠지만 이번에 멀리 여행을 다녀오고 나면 지금은 너무 흐릿해서 윤곽 정도만 보이는 저 기자라는 목표가 영영 보이지 않을 것만 같았다. 그렇게 되면 컬러링이 〈니가 사는 그집〉이고 두 명이 같이 왔다고 복비를 1만 원 깎아 준 그 어설픈 무당의 말이 맞게 되는 것인데, 그건 좀 아닌 것 같다고 생각했다. 결정적으로 여행을 가게 되면 지원해 놓은 회사 필기시험을 못 보게 되는 상황이었다. 나는 친구에게 "이번 필기시험을 꼭 봐야겠다"라고 했다. 친구는 그렇게 홀로 유럽 여행을 갔다. 나는 그때 여행을 가지 않고 시험을 본 그 회사에 다니고 있다.

기자가 된 후에 연락이 끊긴 지인에게 메일을 받은 적이 몇 번

있다. 나는 영화 기자도 한 데에다가 정치부·사회부·산업부에서도 기사를 썼으니까, 다양한 분야에서 이름이 노출되었기 때문인 것 같다. 흔하지 않은 이름이라는 점도 영향을 주었을 것이다. 메일 내용은 대체로 비슷했다. "혹시 ○○○ 다녔던 손정빈?", "혹시 ○○○ 했던 손정빈?"으로 시작해서 "기사를 보다가 네 이름이 있어서 연락했다, 기자가 된 줄 몰랐다, 어쩌다 기자가 된 거냐" 같은 말이 따라붙었다. 답장을 안 할 수는 없었기에 간단하게 안부를 묻고 근황을 전했다. 그렇게 몇 번 메일을 주고받고 전화번호를 교환하기도 했지만, 다시 연락한 적은 없다. 굳이 만나고 싶지는 않았기 때문이다. 그렇다고 미안한 마음은 없었다. 아마 메일을 보낸 그들도 나와 같은 생각일 것이라고 생각했다. 다만 그 메일들 속에 있던 말 중에 자꾸 생각나는 말이 있었다. "어쩌다 기자가 됐냐." 정말 어쩌다 기자가 됐나. 왜인지는 모르겠지만 참 이상하게도 나는 이때마다 병천을 떠올렸다.

병천에 갔던 것과 기자가 된 것은 아무 관련이 없다. 기자가 된 것은 이 일을 하기 위해 내가 꽤 오랜 시간을 투자해 공부하고 입사 원서를 넣고 필기시험을 보고 면접 보기를 반복한 덕분이지, 그날 병천에 가서 순대를 먹고 점을 봤기 때문이 아니다. 더 정확히 말하면 그날 일은 아무것도 아닌 일이다. 병천에 함께 갔던 친구와 몇 해 전 대화를 하다가 우연히 그때 그 병천에 관한 이야기를 한 적이 있다. 그 친구는 그 일을 기억하고는 있었지만 세부 내용은 거의 떠올리지 못했다. 그런데 나는 이상하게도 병천에서의 하루를 아직까지도 생생히 기억한다. 그리고 가끔 그날에 관해 생각한다. 마치 그날 병천에 다녀오지 않았다면 기자가 될 수 없었던 것처럼. '병천에 가지 않았다면 점을 보지 않았을 것이고, 점을 보고 불길한 소리를 듣지 않았다면 나는 친구와 유럽 여행을 갔을지도 모른다. 그럼 나는 지금 다니고 있는 회사 필기시험을 보지 않았을 테고, 내 인생은 또 어떻게 되었을지 모른다.' 이건 다 말도 안 되는 이야기겠지만 나는 이렇게 생각하는 경우가 꽤 있다.

¶

어릴 때에는 영화에 관심이 없었다. 학창 시절에는 유행하는 영화가 있으면 친구들과 극장에 몰려가 보고 오는 정도였다. 영화를 보기 시작한 것은 대학교 때였다. 남들보다 늦게 대학에 갔더니 친한 친구들은 모두 군대에 가고 없었다. 혼자 있다 보니 시간이 남아돌았다. 어떻게든 시간을 흘려보내야 했다. 특별히 하고 싶은 것도 없고, 뭘 해야 할지도 몰랐던 나는 그저 도서관에 가서 각종 잡지와 스포츠 신문을 읽었다. 그때 본 잡지 중의 하나가 『씨네21』이었다. 전에는 몰랐던 영화와 감독, 배우에 관한 이야기가 꽤 흥미로웠다. 그 잡지가 소개한 영화를 보려고 도서관 시청각실에서 영화를 보기 시작했다. 그때 처음 본 영화가 무엇이었는지 기억나지 않는다. 아무튼 그때부터였다. 영화를 본 것은. 극장에 갔고, 집에서는 컴퓨터로 다운받아 옛날 영화를 봤다. 그렇다고 대단한 시네필(cinephile)이 된 것은 전혀 아니었다. 다시 말하지만 나는 시간이 남아돌아서 영화를 봤을 뿐이었다. 어쨌든 영화 보기는 그렇게 유일한 취미가 되었다.

사회부에서 수습 교육이 끝나기 직전에 희망 부서를 적어 내라고 했다. 기자들은 입사 초기 사회부에서 수개월간 교육을 받은 후 정식으로 부서 배정을 받는다. 이때 웬만한 기자들은 사회부 아니면 정치부를 원하지만, 나는 몇 가지 이유로 이 두 개 부서는 제쳐 놓았다. 그래서 문화부를 1지망에, 스포츠부를 2지망에, 사회부를 3지망에 썼다. 사실 3지망에 사회부를 쓰고 싶은 생각은 없었는데, 사회부에서 교육을 받고 사회부를 지망하지 않으면 욕을 먹는다고 해서 어쩔 수 없었다. 나를 제외한 모든 동기들이 1지망에 사회부 아니면 정치부를 썼다. 2지망도 사회부 아니면 정치부였다. 선배들은 나에게 "너 같은 새끼는 처음 본다"라고 했다. 그렇게 문화부에서 기자 생활을 시작했다. 나는 기자가 되겠다고 생각했을 때에도, 문화부에 발령을 받았을 때에도 영화 기자를 할 거라는 상상을 한 적이 없었다. 그런데 마침 영화 담당 선배가 다른 부서로 가게 되었고 내가 그 자리에 앉게 되었다. 나는 그렇게 얼떨떨한 상태에서 유일한 취미였던 것을 일로 하게 되었다.

그러니까 영화 기자가 되고 지금까지 이 일을 하는 것은 순전히 우연이었다. 만약 대학을 늦게 들어가지 않았다면 그렇게 매일같이 영화를 보진 않았을 것이고, 하필 『씨네21』을 읽지 않았다면 도서관 시청각실에 가는 일은 없었을 것이다. 그때 영화를 많이 보지 않았다면, 어쩌면 영화를 취재하는 일에 큰 흥미를 느끼지 못하고 얼른 다른 부서로 옮겨 갔을지도 모른다. 그리고 이 모든 일들이 병천에 간 그날과 연결되어 있는 듯한 느낌을 받는다. 병천에 갔기 때문에 기자가 되었다고 할 수는 없겠지만, 병천에 가지 않았다면 나는 지금 완전히 다른 삶을 살고 있을지도 모를 일이다. 이번에도 역시 이건 정말 말도 안 되는 억지 같은 소리라고 생각하지만, 그런데도 이런 생각을 완전히 떨쳐 낼 수 없다. 그럴 때마다 묘한 무력감과 아름다움을 동시에 느낀다. 어떤 것도 내가 통제할 수 없고 어떤 일도 내가 예상할 수 없어서 고통스러운 삶이지만, 모든 게 뜻대로 되는 인생이라면 이미 정해진 끝에 도달하기 위해 그 긴 세월을 견뎌야 할 이유도 없을 것이라고.

¶

영화 〈리틀 포레스트〉 2부작(2014~2015)을 본 것은 2015년 초였다. "일본판 〈삼시세끼〉"라는 홍보 문구가 맘에 들지 않아 언론 시사회에 가지 않으려고 했지만, 그날 유독 일이 없어서 참석했다. 우연찮게 본 영화였는데, 때때로 곱씹게 되는 대사를 하나 얻었다. 영화는 도시에 살던 이치코가 실패를 경험한 후 시골집에 돌아와 홀로 농사를 지으며 사계절을 보내는 이야기이다. 그 집은 어린 시절 엄마와 살던 집. 엄마는 수년 전 어느 날 집을 나갔고, 이치코는 홀로 남았다. 엄마는 떠나면서 달랑 편지 한 장만 남겼다. 이치코는 그 편지 내용이 어릴 때에는 도무지 이해되지 않다가 어른이 되어서 집에 돌아와 사계절을 보내고 나니 그 의미를 조금은 알게 된 것 같다. 이 영화를 처음 봤을 때, 나도 그 편지 내용을 잘 이해하지 못했던 것 같다. 이해하지 못하면서도 수시로 그 편지 내용을 다시 읽었다. 어렴풋하게 알 것 같은 느낌 때문이었다. 이 영화를 본 것이 7년 전이다. 이 정도 시간이 흐르고 나니 그때보다 이 말을 더 이해하게 된 것 같다.

뭔가 실패를 하고 지금까지의 나 자신을 되돌아볼 때마다

난 항상 같은 일로 실패했다는 생각이 들었어.

열심히 살아온 것 같은데

빙글빙글 '원'을 그리며 돌아온 것 같아서 좌절했어.

하지만 인간은 나선 그 자체일지도 몰라.

같은 곳에서 빙글빙글 돌면서 위로도 아래로도 자랄 수 있고,

물론 옆으로도.

경험을 쌓았으니 실패를 했든 성공을 했든

같은 장소를 헤맨 건 아닐 거야. 그렇게 생각하니 힘이 나더구나.

《

당신
마음대로
쓰세요

》

2016년 3월 말 어느 날, 나는 새누리당 당사 기자실에 있었다. 평소에는 기자들이 많지 않은 곳이었다. 국회 출입 기자 대부분은 국회 기자실에서 일을 하고 당사에는 특별한 일이 있을 때에만 갔다. 그날이 바로 특별한 일이 있는 날이었다. 당시 20대 총선을 코앞에 둔 새누리당은 거물 정치인 A의 대구 지역 공천을 둘러싸고 심각한 내홍을 겪었다. A와 대척점에 있는 세력이 장악한 공천관리위원회는 A를 공천 탈락시키고 다른 이를 해당 지역 후보로 내보내기로 했고, A는 이 결정에 반발해 탈당했다. 이어 당 대표가 A의 이름이 없는 공천장에는 도장을 찍지 않겠다며 버티기에 들어갔다. 이른바 '옥새 파동'이었다. 그리고 그 극심한 갈등 끝에 공천 관련 최종 결정이 나는 날이 바로 그날이었다. 긴장했다. 나의 역할은 발표 내용을 팀에 빠르고 정확하게 전달하는 것이었다. 내가 실수를 하면 대형 오보가 나갈 수도 있었다. 같은 자리에 있던 기자들 모두 같은 상황이었다. 기자실은 평소보다 조용했고 움직이는 사람도 적었다. 이윽고 시간이 되었고, 결과가 공개되었다.

무공천. 새누리당은 A가 무소속으로 출마하는 그 지역구에 아무도 공천하지 않기로 했다. 새누리당 소속 경쟁자가 나오지 않게 되면서 A는 무난히 국회의원 배지를 달 수 있게 되었다. A와 한배를 탄 당내 세력이 A를 지켜내는 데에 성공한 것이다. 그런데 상황이 묘했다. 새누리당의 무공천 선언에 그 당 소속으로 해당 지역에 출마하려던 정치인 B가 졸지에 총선에 나설 수 없게 되었다. 당적 변경 시한이 지난 시점이어서 무소속으로 나갈 수도 없었다. 나는 발표 내용을 정리해 전송한 후 당사 분위기를 살피기 위해 기자실 밖으로 나갔는데, 위층에 있는 당 대표실 앞에서 소란이 벌어졌다. 올라가 보니 B가 잠겨 있는 당 대표실 문을 붙잡고 '이건 말도 안 되는 결정'이라며 울부짖고 있었다. 기자와 지지자 들이 문 앞에 선 B를 둘러싸며 뒤엉켰다. 그 뒤편에는 나도 있었다. 그는 손을 떨고 있었다. 눈가에 눈물이 맺혔고 수차례 깊은 한숨을 내쉬며 고개를 떨궜다. 가까스로 정신을 붙잡고 있는 듯한 느낌이었다. 그는 한참을 당 대표에게 만나 달라고 소리치다가 돌아갔다.

당시 총선 취재를 하면서 B에 관해 들은 것이 있었다. B는 A와는 정반대의 삶을 산 사람이라고 했다. A가 좋은 집안에서 태어나 엘리트 코스를 밟고 화려하게 정치를 시작했다면, B는 밑바닥부터 천천히 기반을 다지고 올라와 이제 막 중앙 정치 무대에 도전하려던 참이었다. 인지도는 거의 없지만, 국회의원이 되기 위해 오랫동안 꾸준히 노력해 왔다고 했다. 그가 실제로 어떤 사람이고 어떤 삶을 살았는지 정확히 알지는 못했지만 당시 정치권에 떠돌던 이야기가 그랬다. 아마 당시 총선은 B에게 인생을 건 도전이었을 것이다. 그러나 그의 인생은 당내 파워 게임에 공중분해가 되었다. 정치라는 게 얼마나 비정하고 잔인한지 나는 그날 이해했다.

나는 B와 말 한번 해 본 적 없었지만 그가 처한 그 상황에 강한 연민을 느꼈다. B가 A와 승부를 겨뤄 볼 기회도 얻지 못하고 자리를 내줘야 했던 것은 B의 능력이 부족해서가 아니라 단지 그가 A가 아니었기 때문이었다. 추측하건대 그때 그는 그를 주저앉힐 정도로 강한, A에 대한 열패감 혹은 열등감을 느꼈을 것이다.

¶

왜인지 모르겠지만, 나에게도 그런 열패감 혹은 열등감 같은 것이 있었다. 돌이켜 보면 어릴 때부터 그랬다. 그럴 만한 특별한 사건 같은 것이 있지도 않았다. 나는 대체로 부족함 없이 자랐고, 특별하다고 할 만한 좌절이나 불행도 겪어 본 적 없었으니까. 그런데도 나는 늘 나보다 무엇인가를 더 잘하는 것 같은 누군가를 부러워하고 질투했고, 그런 재능이 없는 나를 가끔 혐오했다. 그리고 매번 그런 못난 생각이나 하는 내가 싫었다. 간혹 어떤 면에서는 나도 꽤 괜찮은 재능이 있다고 생각하면서도 나보다 나은 것 같은 누군가를 보면 그 자신감이 금세 쪼그라들었다. 이런 마음이 겉으로 드러나는 것이 싫어서 최대한 아무렇지 않은 척했다(그럼에도 표정을 숨기지 못한 경우가 많았을 것이다). 그래서였을까. 나는 이기는 사람보다 지는 사람이 좋았다. 항상 이기는 손오공보다는 매번 지는 베지터에게 마음이 갔고, 완벽한 윤대협보다는 2년을 허송세월하고 후회하는 정대만을 사랑했다. 무결점 재능을 가진 히로와 히데오보다는 어설픈 재능을 가진 키네를 지지했다.

기자 생활도 그런 열패감과 열등감 속에서 시작했다. 고달프지 않은 사회부 수습기자 생활이 어디 있겠느냐마는 경찰서 기자실에서 먹고 자던 4개월은 정말 쉽지 않았다. 하루에 아무리 길어야 2시간을 자거나 선배들이 갈구는 것은 힘들지 않았다. 똑같은 조건에서 일하는데 내가 동기들만큼 잘하지 못한다는 것이 괴로웠다. 그런 날이 이어지던 중 선배 한 명이 나에게 전화해 짐을 싸서 회사로 오라고 했다. "넌 기자를 할 능력이 안 되니 회사에서 나가라"는 의미였다. 이미 그런 이야기, 온갖 욕을 자주 들었던 터라 나는 덤덤하게 짐을 챙겨 회사로 갔다. 또 한 번 욕을 먹어도 버텨 보리라고 생각했다. 역시 그 선배는 나에게 "회사를 나가라"고 했다. 예상했던 대로였다. 잘하겠다고 죄송하다고 말했는데, 예상하지 못한 말이 가슴을 찌르고 들어왔다. "야, 이 정도 들었으면 나 같으면 나가겠다. 좆도 아닌 새끼들이 너한테 개지랄하는 거 열 안 받아? 어휴, 씨발. 야, 이 병신새끼야. 그러니까 넌 이렇게 욕을 먹고도 나갈 능력도, 용기도 없는 새끼인 거야."

온몸이 뜨거워질 정도로 모욕적이었다. 잠시 생각했다. '정말 때려치울까.' 하지만 정말 자신이 없었다. 몇 년간 수없이 입사 시험에서 떨어진 끝에 가까스로 들어온 회사였다. 다시 이력서를 쓰고 필기시험을 보고 면접 볼 생각을 하니 도저히 관둘 수가 없었다. 그래서 그냥 '죄송하다'고 했다. 그 선배는 나를 한참 세워 두더니 "잘 좀 하자"라며 경찰서로 돌려보냈다. 그날 생각했다. '동기들이라면 어떻게 했을까.' 그들이라면, 나보다 더 능력이 있으니까, 그 치욕스러운 말을 들으면 뒤도 돌아보지 않고 회사를 관뒀을 것 같았다. 그들은 다시 시작해도 충분히 기자가 될 수 있을 것 같았고, 기자를 하지 않아도 어렵지 않게 취업할 수 있을 것 같았다. 그때가 수습 생활이 시작되고 한 달 반 정도 지났을 때였다. 나는 나머지 기간을 그저 버텼다. 수습 기간이 끝나고 희망 부서를 적어 낼 때, 나는 사회부를 적지 않았다. 그 선배와 일하고 싶지 않았다. 정치부도 쓰지 않았다. 동기들보다 일을 잘할 자신이 없었다. 나는 마치 도피하는 것처럼 문화부를 썼고, 문화부 발령을 받았다.

¶

"손정빈 씨, 마음대로 써." 문화부장이 나에게 처음 했던 말이다. 마음대로 하라는 말은 입사 후 처음 들어서 당황스러웠다. 어떤 의미인지 이해하지 못했지만, 일단 "네, 알겠습니다, 감사합니다"라고 했다. 문화부 첫 출근 전날 잠을 설쳤다. 사회부를 나와 새 부서로 간다는 설렘도 있었지만, 두려움이 컸다. 사회부 수습 기간은 교육을 받는다는 의미가 커서 책임질 일이 없었다. 그러나 문화부에서는 달랐다. 정식으로 발령받은 곳이기에 업무를 배정받으면 기사에 대한 책임을 져야 했다. 잘하고 싶었지만, 사회부에서 느낀 그 열패감이 여전히 마음속에 남아 있어서 위축되었다. 그런데 마음대로 하라니. 뭘 어떻게 하라는 걸까. 그렇게 얼떨떨한 상태로

2~3주를 보냈다. 사회부에서는 시키는 일만 했기에 뭘 해야 할지 몰랐다. 문화부장은 정말 나에게 어떤 지시도 하지 않았다. 선배들은 친절했지만 사실상 날 방치했다. 그렇게 한 달 정도가 지나자 이제는 정말로 내가 알아서 일을 해야 할 때라고 생각했다. 그래서 정말 마음대로 기사를 쓰기 시작했다.

2014년 3월 중순 어느 날 밤, 나는 사무실에 있었다. 남아 있던 사람은 나와 문화부장, 둘뿐이었던 것으로 기억한다. 문화부에 온 지도 5개월이었다. 나는 그날도 야근을 했다. 본격적으로 "마음대로" 기사를 쓰기 시작한 이후 거의 매일 밤늦게까지 일했다. 마음대로 쓰는 기사이지만, 제멋대로 쓴다는 말은 듣고 싶지 않아서, 마음대로 쓰면서도 잘 쓰기 위해 남들보다 시간을 더 투자하기로 한 것이다. 그날도 밤 9시 넘어서까지 다음 날 오전에 나갈 기사를 쓰고 있는데, 뉴스에 〈어벤져스 2: 에이지 오브 울트론〉(2015) 관련 기사가 나왔다. 〈어벤져스 2〉 일부 장면을 한국에서 찍기로 했고, 마블과 한국관광공사 등이 이 같은 내용으로 양해각서를 교환했다는 내용이었다. 영화 담당인 나도 알고 있는 것들이었다. 그런데 경제 효과·관광 효과 운운하며 언급하는 숫자가 거슬렸다. 그 영화에 한국이 나오면 발생한다는 그 효과는 어떻게 계산한 것일까. 그들 말처럼 〈어벤져스 2〉를 보고 한국에 관광 오는 사람이 있을까.

갑자기 기사가 쓰고 싶었다. 부장에게 기사를 하나 더 쓰겠다고 말하고 쓰기 시작했다.

　　마음대로 썼다. 마블이 촬영지 중 한 곳으로 한국을 택한 것은 전작 〈어벤져스〉 첫 번째 편이 한국에서 크게 성공했기 때문에 다시 한번 한국 관객을 끌어모으기 위한 것일 뿐, 이 영화로 관광객이 늘고 한국이 홍보되는 효과는 미미하거나 거의 없을 것이라는 내용이었다. 문화부장은 기사에 특별한 문제가 없다고 판단했는지 그 내용 그대로 다음 날 오전에 출고했다. 기사는 반향이 있었다. 예상하지도, 기대하지도 않은 반응이었다. 그때까지 써 왔던 기사 중에 아마도 그 글이 대중에 가장 큰 영향을 준 기사였던 것 같다. 기사가 나간 날 사무실에 들렀다가 만난 다른 부서 부장이 말했다. "야, 기사 잘 썼더라. 네가 쓴 거 맞아? 부장이 잡아 준 거 아니고?" 그의 농담에 뭐라고 말해야 할지 몰라 잠깐 머뭇거리자 옆에 있던 문화부장이 답했다. "제가 건드린 거 하나도 없어요. 손정빈 씨가 알아서 쓴 거예요." 그때 그 문화부장의 말에 기분이 묘했다. 사실 별것 아닌 말이었는데, 그가 했던 그 말에 기자 일을 일단은 계속해 봐도 괜찮겠다는 생각을 했다.

¶

　처음 일한 곳이 문화부가 아니었다면 계속 기자 생활을 하지 못했을 것이라고 가끔 생각한다. "마음대로 써." 이 한마디가 나를 나 스스로에 집중할 수 있게 했던 것 같다. 마음대로 쓴 기사의 주도권은 당연히 온전히 나에게 있을 테니까, 지시나 의무 혹은 강요 없이 내가 하고 싶어서 한 일이었기에 누군가의 성과와 비교할 일도 많지 않았다. 쓰고 싶은 기사를 쓸 때 중요한 것은 나의 기준을 충족시키는 일이었다. 기사라는 것, 저널리즘이라는 것은 기본적으로 독자와 사회를 향한 것일 테지만 그때 나에게는 그런 것이 아무래도 중요하지 않았고, 그럴 여유도 없었다. 나는 나를 위해 기사를 썼다. 만약 사회부나 정치부에 가서 시키는 일들을 해야 했다면, 나는 동기들과 나를 비교하고 나의 기사와 다른 이의 기사를 비교하며 나를 후려쳤을지도 모르겠다. 그러면 그때 나는 나의 부족함을 자책하며 짐을 싸서 집으로 갔을 수도 있다. 문화부장의 그 독특한 업무 철학은 내 안의 열패감에 내가 파묻히지 않게 했다. 그는 모르겠지만, 나는 문화부장에게 큰 빚을 지고 있다.

나의
마음을
흔들고

나의
일을
망친 것

영화 〈암살〉(2015) 개봉을 앞두고 최동훈 감독을 인터뷰했다. 그를 만난 곳은 볕이 잘 드는 삼청동 카페였다. 에어컨이 나오고 있어서 실내는 쾌적했다. 창을 조금 열어 둔 덕에 환기도 잘 되는 곳이었다. 우리나라 최고 흥행 감독을 만난다는 긴장감도 적당히 있었다. 그렇게 그를 대면했다. 매너 좋고 예의 바른 데다 산뜻한 사람이었다. 개봉 소감 같은 가벼운 질문을 몇 개 던진 후 〈암살〉을 왜 만들었는지, 어떻게 이런 이야기를 떠올렸는지를 캐물었다. 그러자 최동훈 감독이 씩 웃더니 이런 근본적인 질문을 원했다며 나에게 담배를 피우냐고 물었다. 나는 피운다고 답했다. "그럼 저기 창가 자리로 옮겨서 같이 담배 피우면서 이야기해 보는 건 어떠세요?" 나는 속으로 말했다. '아, 됐다.' 담배 제안은 일종의 제스처 같았다.

나의 질문이 그의 마음속 어떤 한 부분을 건드렸고, 그래서 나와 본격적으로 대화해 보고 싶다는 의미라고 해석했다. 겨우 3년 차 기자였던 나는 최동훈 감독과 담배를 피워 가며 영화에 관해 이야기했다. 인터뷰가 끝나고 카페를 나오며 생각했다. '이 맛이구나.'

딱 1년 후 〈아가씨〉(2016) 개봉을 앞두고 삼청동 카페에서 박찬욱 감독을 만났다. 나는 그의 열렬한 팬이었다. 게다가 세계적인 거장이 아닌가. 영화를 자주 내놓지도 않아 만날 기회가 적었기에 완벽한 인터뷰를 하고 싶었다. 영화의 핵심을 찌르고 연출자 의도를 꿰뚫는 질문을 하리라. 만반의 준비를 한 후에 그와 마주 앉았다. 평소보다 조금 더 긴장했던 것으로 기억한다. 다만 여느 인터뷰처럼 질문 몇 개를 하고 답변을 듣다 보면 어느새 몸이 풀려서 자연스럽게 대화할 수 있을 것이라고 생각했다. 첫 질문을 하려는데, 그가 정중하게 한 가지 요청을 했다. "서서 해도 되겠습니까." 그는 허리가 좋지 않아 장시간 앉아 있는 것이 힘들다며 양해를 구했다. 그는 15명은 족히 앉을 만한 긴 테이블 앞을 오가며 질문에 답했다. 그는 서 있고 나는 앉아 있는 그 양상에는 이상한 압박감이 있었다. 그래서인지 인터뷰 시간 내내 긴장감이 사라지지 않았고, 내가 어떤 질문을 했는지, 박찬욱 감독이 무슨 말을 했는지 잘 기억나지 않는 채로 만남은 끝이 났다. 최악의 인터뷰였다.

¶

최동훈과 박찬욱 사이, 1년 가까운 시간에 나는 영화 기자가 아니라 정치부 소속 정당팀 기자였다. 좋은 기억만 있는 것은 아니지만 대체로 나쁘지 않은 시절이었다. 평소 관심 있는 분야였고, 다소 고되었지만 재미를 붙일 만한 부분도 분명 있었다. 그런데 정이 가지 않았다. 정을 붙이지 못한 데는 여러 이유가 있었겠지만, 영화 기자 일을 더 사랑했다는 점이 가장 큰 이유였던 것 같다. 이제는 내가 하지 못하게 된 그 일이 지금 하는 일보다 더 아름답다고 느꼈다. 정당팀 막내급 기자가 매일같이 A4 용지 수십 장 분량의 워딩을 하면서 반복해야 하는 일상은, 영화 기자가 영화를 보고 그 영화에 관해 고민하고 배우를 만나 인터뷰하고 감독의 예술적 성취에 대해 논하는 일에 비할 것이 못 된다고 생각했다. 아마 최동훈 감독을 만났을 때의 그 영화 같은 순간을 떠올렸던 것이다. 나는 참지 못하고 당시 정치부장과 편집국장에게 다시 문화부로 돌아가게 해 달라고 꽤나 강력한 요청을 했고, 그렇게 다시 영화를 맡을 수 있게 되었다.

문화부로 다시 출근한 것은 2016년 5월 말이었다. 첫 출근 날 문화부장(예전 문화부장과 다른 사람이었다)에게 인사를 꾸벅한 후 노트북을 펴고 잠시 앉았다가 스마트폰을 켜 〈캡틴 아메리카: 시빌 워〉를 예매했다. 잠실에 있는 극장에서 1시간 후에 있는 영화였고, 나는 부장에게 당당하게 '영화를 보고 오겠다'고 보고한 후 회사를 나왔다. 오랜만에 들뜨는 기분이었다. 그때는 다시 영화 기자가 되었다는 사실에 잠깐 취했던 것 같다. '당신들이 사무실에 앉아서 보고서를 만들 때 나는 영화를 보러 간다, 그게 내 일이니까.' 이런 하찮은 우월감이 조금은 있었던 것 같기도 하다. 앞서 영화 기자를 했을 때 쓰지 못해서 아쉬웠던 기사들을 이번엔 꼭 쓸 것이고, 경력이 더 쌓인 만큼 더 좋은 기사를 쏟아 내겠다는 다짐을 하기도 했다. 마치 큰 부상을 당한 후 긴 재활 기간을 거쳐 복귀한 운동선수의 마인드 같았달까. 나는 그만큼 이 일을 사랑하고, 잘 해낼 자신도 있으며, 이 일은 시간을 충분히 쏟아부어도 아깝지 않을 정도로 아름답고 멋지다고 생각했다.

그러고 나서 며칠 후에 박찬욱 감독을 만났고 인터뷰를 망쳤다. 워딩은 A4 용지 8장 분량으로 50분 동안 인터뷰를 한 것치고는 적지 않은 양이었다. 그런데 건질 말이 많지 않았다. 인터뷰 내용을 보며 새삼 알았다. 내가 얼마나 어설픈 질문을 했는지, 박찬욱 감독이 그럼에도 불구하고 얼마나 최대한 성실하게 답변했는지. 박찬욱 감독은 최선을 다해 말했지만, 애초에 좋은 질문이 많지 않았던 탓에 인터뷰 내용은 평이하기 그지없었다. 그 내용들로는 내가 생각했던 좋은 기사를 절대로 쓸 수 없었다. 그래도 기사는 나가야 하니까, 어떻게든 기사를 살려 보겠다며 밤늦게까지 낑낑대고 있자니 생각이 났다. 영화 기자를 2년 가까이 하면서 최동훈 감독을 인터뷰했을 때와 같은 경험은 그때 딱 한 번뿐이었다고. 국회 바닥에 앉아 몇 시간이고 의원들을 기다리고 그들에게서 한마디라도 더 듣기 위해 국회 여기저기를 오가던 그 반복된 일상이 지겨워서 영화 기자 일을 분식(粉飾)하고 있었던 것인지도 모른다고

¶

한국 영화 한 편이 개봉할 때에 업무 프로세스는 대개 이렇다. 영화 개봉 전 제작보고회–언론 시사회–언론 시사회 직후 간담회–인터뷰가 순서대로 열린다. 그러면 영화 기자는 제작보고회에 갔다가 기사를 쓰고, 언론 시사회에 가서 영화를 본 후 그 직후에 열리는 간담회에 참석해 기사를 쓴다. 그러고 나서 개봉일에 맞춰 리뷰 기사를 쓴다. 출연 배우 인터뷰를 적게는 1~2명, 많게는 3~4명까지도 한다. 여기에 감독 인터뷰도 있다. 그리고 당연히 이 인터뷰를 각각 기사로 쓴다. 때에 따라 제작보고회와 언론 시사회 직후

간담회를 생략하기도 하지만, 그걸 빼더라도 업무량이 줄었다는 느낌은 들지 않는다. 여름방학 성수기 때에는 주요 한국 영화 약 10편이 연달아 개봉한다. 그러면 여름 내내 이 과정을 반복한다. 여기에 할리우드 블록버스터가 함께 개봉하니까, 이런 외화들은 리뷰 기사 위주로 챙긴다. 이 일만 할 수 있다면 그나마 나은 편이다. 개봉작 관련 기사를 처리하면서 동시에 영화계 사건·사고 기사도 써야 한다. 여름이 끝나면 그때부터는 추석 시즌이 시작된다.

영화 기자의 일이라는 것도 결국 최동훈과 박찬욱 사이에 있었다. 〈아가씨〉가 개봉하고 나서 몇 주일 후 여름방학 성수기를 노린 영화들이 쏟아져 나오기 시작했다. 다시 영화 기자를 할 수 있게 되었다는 그 들뜬 기분은 박찬욱 감독 인터뷰가 끝난 직후 박살이 났고, 더위와 함께 바로 그 '업무 프로세스'가 본격적으로 가동되면서 비로소 다시 차분히 일에 스며들 수 있었다. 아마도 그때쯤 기자로서, 직장인으로서 일하는 방식이 자리를 잡았다. 거창한 것은 없었다. "해야 할 일을 해 나간다"라는 것. 이 일을 좋아한다는 그 마음은 아직 변하지 않았으니까, 그걸 반복해서 할 수 있다는 것이 차라리 잘된 일이라고 생각했다. 그해 여름에 내가 했던 인터뷰들은 대단한 성공도, 특별한 실패도 없이 끝났다. 영화를 보고, 인터뷰를 준비하고, 인터뷰를 했다. 그리고 기사를 썼다. 최동훈 감독을 만났을 때처럼 좋지도 않았고, 박찬욱 감독을 만났을 때처럼 나쁘지도 않았다. 내가 읽어 봐도 썩 괜찮은 기사가 있었고, 다소 아쉬운 기사도 있었다. 그렇게 여름이 끝났다.

¶

근래에 인터뷰했던 이들 중 가장 인상적인 사람은 〈부산행〉(2016)을 만든 연상호 감독이었다. 아마 그는 최근 가장 왕성하게 활동하는 창작자일 것이다. 영화 쪽에서 보면 2020년에 그가 각본을 쓰고 연출한 영화 〈반도〉가 개봉했고, 2021년에는 그가 각본을 쓴 영화 〈방법: 재차의〉가 관객을 만났다. 그리고 2022년 올해 넷플릭스에서 공개될 예정인 영화 〈정이〉가 촬영을 모두 마치고 후반 작업 중에 있다. 드라마로 보면 그가 각본을 쓴 드라마 〈방법〉이 2020년에 방송되었고, 그가 각본을 쓰고 연출을 한 넷플릭스 드라마 〈지옥〉이 지난 2021년에 공개되었다. 또 그가 극본을 쓴 드라마 〈괴이〉가 2022년 4월 말부터 방송되었다. 왕성하다는 표현보다는 일에 미쳤다는 말이 더 어울리는 행보이다. 나는 그에게 물었다. "왜 이렇게 일을 많이 하는 겁니까. 어떻게 이렇게 일을 쉬지 않고 할 수 있나요. 이 엄청난 활동량의 동력은 뭡니까." 덤덤한 표정의 그는 아무렇지도 않게 말했다. "이게 제 일이니까요. 다들 먹고살려고 매일 일을 하잖아요. 저도 먹고살아야 하니까, 매일 일을 하는 겁니다."

최동훈 감독 인터뷰와 정치부에서의 업무와 박찬욱 감독 인터뷰는 서로 꼬리를 물고 있었다. 최동훈 감독 인터뷰에서 본 아름다움이 정치부 업무를 초라하게 보이게 했을 수도 있지만, 정치부 업무에 치이다가 최동훈 감독 인터뷰에 관한 기억을 나도 모르게 과장했을 수도 있다. 최동훈 감독 인터뷰를 떠올렸기에 박찬욱 감독 인터뷰를 스스로 과도하게 평가 절하했을 수 있고, 정치부 기자의 업무는 평범하고 영화 기자 일은 특별하다고 여겼기에 박찬욱 감독 인터뷰의 그 평범함을 견디지 못해 괜히 그 경험을 격하했을지도 모르겠다. 정확히 어떤 경로였는지는 알 수 없지만, 최동훈에서 박찬욱으로 이어진 그 시간에 나의 마음을 흔들고 나의 일을 망친 것 중의 하나는 분명 과장된 마음이었다. 영화 기자로 복귀하고 나서 그해 여름에 똑같은 형태로 반복되는 일정을 쉼 없이 소화하며 기사를 써 댈 때, 확실히 기쁘고 편했다. 일을 해 나가기 위해서는, 그리고 잘하기 위해서는 꾸준함과 일관성이 필요할 뿐이었다.

지난해 초 이상문학상 수상 결과에 관한 기사를 읽다가 수차례 다시 읽은 대목이 있다. 그해 이상문학상 대상은 이승우 작가가 쓴 「마음의 부력」이었다. 그는 수상 소감을 이렇게 말했다. "소설가가 자기가 한 일로 상을 받는 것은, 규칙과 반복이 지배하는 '사무원'의 사무실로 갑자기 낯선 손님들이 찾아오는 것과 같은 사건입니다.……손님들에게 그 이유를 따져 묻는 대신 다시 '사무원처럼' 내 일을 하려고 합니다."• 자신을 사무원에 비유한 이 표현은 이승우 정도 되는 작가에게는 지나치게 겸손하다고 생각하면서도, 나는 이 말에 큰 위로를 받았다. 소설을 쓰는 이승우 작가도 자신을 규칙과 반복으로 일하는 사무원이라고 일컫는데, 그렇다면 규칙과 반복 없는 일은 없을 것이라는 새삼스러운 생각이 들었다. 갑자기 낯선 손님이 찾아왔을 때 그 이유를 따져 묻는 대신 사무원처럼 다시 일을 할 수 있으려면 규칙과 반복을 지배하고 있어야 할 것이다. 그 지배를 위해 나는 규칙적으로 반복해서 무엇이든 써 보려고 한다.

• 이승우 외, 『마음의 부력: 2021년 제44회 이상문학상 작품집』, 문학사상, 2021, p.117

영화관에서 울던 날

2009년 11월에 당시 개봉한 지 얼마 안 된 〈여행자〉라는 영화가 볼 만하다는 이야기를 들었다. 워낙 작은 규모의 영화라서 내가 살던 성남 주변 멀티플렉스 영화관에서는 상영하지 않았다. 서울에는 상영관이 몇 군데 있었는데, 나는 그중에서 씨네코드선재를 골랐다. 전역해서 막 복학했던 때였다. 복학생이라면 누구나 그렇듯이 미래에 대한 막연한 고민으로 조금 우울했던 차에 북촌에 가서 영화나 한 편 때리고, 그 일대를 몇 시간이고 걷다 올 생각이었다. 수업이 없던 날, 검정 바지에 검정 니트를 입고 그 위에 검정 점퍼를 걸친 후 검정 모자를 푹 눌러쓰고 광역버스를 타고 서울에 갔다. 중앙극장 앞에서 내려 을지로3가역으로 가 지하철로 갈아탄 후 안국역에서 하차해 씨네코드선재가 있던 정독도서관 인근까지 걸어가는 것이 가장 빠른 길이었지만, 그날은 오래 걷고 싶었다. 중앙극장에서 내려 탑골공원을 지나 인사동을 거쳐 씨네코드선재까지 걸었다. 오전 11시였다. 매표소에 사람이 없어 두리번거리고 있었더니 직원이 나타나 표를 끊어 주었다. 극장 안에는 아무도 없었다. 15분 정도를 기다렸다가 상영 시간 10분을 앞두고 극장 안으로 들어갔다.

〈여행자〉는 보육원에 버려진 진희가 아빠가 꼭 돌아올 것이라고 믿으며 하루하루를 견뎌 가는 이야기를 담은 작품이다. 이제는 성인이 된 배우 김새론이 아역 배우라고는 믿기지 않을 정도로 열연을 해 주목받았다. 아빠가 오지 않을 수도 있음을 조금씩 깨달아 가면서 힘들어하는 진희를 지켜보는 일은 고통스러웠다. 아홉 살 진희가 앞으로는 아빠를 볼 수 없을 것이고 자신은 버려졌다는 것을 확신한 후 스스로 몸을 땅에 묻는 장면이 압권이었다. 웬만한 슬픈 영화·드라마를 봐도 운 적이 없었는데 눈물이 차올랐다. 그때 옆에서 우는 소리가 들렸다. 관객은 나를 포함해 세 명이었다. 내가 극장에 들어간 후 두 명이 더 들어왔다. 한 명은 여자, 한 명은 남자였다. 두 사람은 영화가 끝날 때까지 울음소리가 들릴 정도로 울었다. 나는 눈물을 참으려고 애썼고 눈물을 흘리지 않는 데는 성공했지만 사실 운 것이나 다름없었다. 그렇게 우리 셋은 함께 울었다. 나는 그 동지들이 누군지 궁금했다. 극장 밖으로 조금 먼저 나와 기다렸다. 30대 초반으로 보이는 여성, 40대 중반으로 보이는 남성이었다. 그들은 언제 울었냐는 듯한 얼굴을 하고 나오더니 금세 어디론가 가 버렸다.

코로나 사태가 발생하기 전 배우·감독 인터뷰는 당연히 대면 인터뷰였고 인터뷰 장소는 삼청동이었다. 삼청동이 충무로에서 가까운 곳들 중에 인터뷰할 만한 장소를 섭외하기가 가장 좋은 지역이어서, 영화 인터뷰는 삼청동에서 하는 것이 일종의 관례가 되었다고 한다. 인터뷰를 참 많이 다녔다. 삼청동에는 일주일에 적어도 두 번, 많을 때에는 다섯 번도 갔다. 인터뷰를 갈 때면 나는 항상 씨네코드선재 앞을 지나서 갔다. 그리고 〈여행자〉를 봤던 그날을, 그 영화를 같이 봤던 (이제는 얼굴도 생각이 안 나는) 그 두 사람을 자주 생각했다. 칠흑 같은 어둠 속에서 함께 영화를 보고 같은 감정을 공유한다는 것이 무엇인지 그때 그 가을에 알았다. 씨네코드선재는 2008년 9월에 생겼고, 2015년 11월 30일에 문을 닫았다. 이 독립·예술 영화 전용 단관 극장은 누적된 적자를 극복하지 못했다고 한다. 씨네코드선재가 문을 닫고 나서도 나는 항상 그 앞을 지나서 인터뷰를 하러 갔다. 인터뷰를 마치고 돌아오는 길에 시간이 남으면 씨네코드선재가 있던 아트선재센터 지하 1층에 내려가 보고는 했다. 그러고는 계단을 막아 놓은 출입 금지 입간판 앞에 서서 허리를 숙여 그 안을 들여다봤다.

　　서울에는 좋아하는 영화관 두 군데가 있었다. 그중 하나가 명동 중앙극장이었다. 어쩌다가 중앙극장에 처음 갔는지는 잘 기억이 나지 않는다. 중앙극장에 처음 간 것은 이명박 당시 서울시장이 만든 버스 중앙차로가 없던 시절이었으니까, 아마도 2003년 정도였던 것 같다. 그때부터 그 극장에 참 자주 갔다. 그때에는 사람 붐비는 것을 좋아하지 않았는데, 중앙극장에는 사람이 거의 없어서 좋았다. 영화가 끝나면 극장 바로 앞에서 광역버스를 타고 성남에 있는 집으로 바로 갈 수 있어서 편하기도 했다. 누군가를 명동에서 만난 후 곧장 집에 가기 싫을 때면 중앙극장에 가서 아무 영화나 골라서 보고 집에 갔다. 무엇보다 좋았던 것은 중앙극장 특유의 낮은 천장이었다. 그 낮게 깔린 천장은 바깥의 넓은 공간과 대비되면서 영화관 안으로 진입했다는 느낌을 주었다. 온통 검은 상영관 안에서 영화를 본 후 다시 그 낮은 천장의 극장 내부를 거쳐 밖으로 나와 뻥 뚫린 세상을 마주하면 시간이 잠깐 멈췄던 것 같은 기분이었다. 위치가 그렇게 좋은데도 유독 관객이 없는 극장이어서, 영화가 끝난 후 사람과 차로 북적이는 대로를 마주하면 딴 세상에 있다가 온 것 같았다.

군대에 있을 때, 마음이 잘 맞았던 후임병과 3박 4일 휴가를 맞춰서 나왔다. 하루 정도는 그 후임병과 같이 밥도 먹고 술도 마시고 여기저기 돌아다니며 놀 생각이었다. 휴가 나온 첫날에는 각자 집에 가서 가족과 시간을 보낸 후 이튿날 낮에 명동에서 만났다. 어차피 대낮부터 술을 마실 것도 아니니까, 영화나 한 편 보자고 했다. 그때가 2008년 12월 말이었는데, 당시 주목받았던 영화 중에는 〈더 폴: 오디어스와 환상의 문〉(2006)이라는 작품이 있었다. 할리우드 블록버스터처럼 규모가 큰 작품은 아니어서 상영관이 많지 않았고, 그중 하나가 중앙극장이어서 거기서 이 영화를 볼 생각으로 약속 장소를 명동으로 잡았다. 나는 성남에 살고 후임병은 신림동에 살았다. 그는 도대체 왜 꼭 명동에서 만나야 하느냐며 만나자마자 투덜댔다. 나는 그의 고참이었으니까, 잔말 말고 따라오라며 중앙극장에 갔다. 후임병은 그곳에 처음 가 봤고, 무슨 영화를 보는지도 모른 채 〈더 폴〉을 봤다. 그리고 그로부터 10여 년이 지난 지금까지도 그 후임병은 영화를 봤던 그때를 이야기한다. 그날 중앙극장에서 그 영화를 봤던 일이 잊히지 않는다면서.

아마 그도 내가 중앙극장에 다니면서 경험한 그 느낌을 그날 느꼈던 것 같다. 게다가 〈더 폴〉이라는 영화가 특수효과를 쓰지 않고 만든 비현실적인 영상미로 관객을 압도하는 작품이어서 더 그랬던 것 같기도 하다. 나 역시 그 영화를 본 그날을 여전히 기억한다. 영화를 다 보고 나온 후임병의 그 얼떨떨한 표정을 보면서 내가 영화를 제대로 보여 줬다는 생각을 했다. 나에게도 그리고 나와 함께 영화를 본 그에게도 중앙극장은 그런 곳이었다. 그런데 그 중앙극장도 사라졌다. 이 극장 역시 누적된 적자를 견디지 못하고 2009년에 매각되었고, 2010년 5월에 폐관했다. 이제 그 자리에는 대신파이낸스센터라는 세련된 고층 건물이 들어섰다. 시간이 흘러서 우연찮게도 나는 중앙극장역에서 내려 10분 정도 걸어가면 도착하는 회사에 다니게 되었고, 하필이면 영화를 담당하게 되었다. 회사에서 영화 기사를 밤늦게까지 쓰다가 퇴근하는 날이면, 중앙극장역(현재는 서울백병원역)에 서서 이제는 흔적도 없이 사라져 버린 중앙극장이 있던 자리를 쳐다보며 버스를 기다리고는 했다. 나는 괜히 대신파이낸스센터 건물은 참 정이 가지 않는 곳이라고 곧잘 생각했다.

코로나 사태가 터지고 영화관에 사람이 많이 줄었다는 것은 알고 있었다. 멀티플렉스 영화관의 매출과 영업이익이 곤두박질치다 못해 지하를 뚫고 들어갔다는 사실을 숫자로 보기도 했고, 종종 극장에 가게 되면 불 꺼진 매점과 종일 손님을 기다리며 환하게 불을 밝혔을 키오스크의 외로운 모습을 보면서 영화관이 망하긴 망했구나, 생각했다. 2021년 11월부터 다시 영화 담당 기자가 되었다. 사회부 수습을 마치고 처음으로, 정치부에 다녀온 후 두 번째로, 사회부와 산업부를 거쳐 정치부 파견을 마친 후 세 번째로. 처음과 두 번째에는 큰 차이가 없었는데, 이번에는 세상이 완전히 바뀌어 있었다. 내가 알던 영화 기자의 일도 거의 남아 있지 않게 된 것이다. 온라인 화상 연결 방식으로 대체된 인터뷰는 더 이상 인터뷰어와 인터뷰이의 대화가 아니었다. 코로나 시대의 인터뷰는 기자 수십 명이 참여해 단편적인 질문을 던지고 간단한 답변을 얻어 가는 자리였다. 개봉 전 가장 큰 행사이자 가장 긴장되는 순간이었던 언론 시사회는 그저 영화를 개봉 전에 미리 보는 자리가 되었다. 기자도, 영화 관계자도, 배우도, 감독도, 영화도 다 사라졌다. 한 선배는 이 상황을 "폐허"라고 했다.

"선배, 코로나 터지고 들어온 후배들은 현장 경험이 없대요." 최근 같은 팀 후배에게 들은 말이다. 현장에 나간 적이 없는 기자가 있다는 것은 한 번도 떠올려 보지 못했다. '과연 이상한 상황이 벌어졌구나'라고 생각할 수밖에 없었다. 당연한 말이지만, 제작보고회든 인터뷰든 기자 간담회든 기자회견이든 간에 현장에 가는 것과 가지 않는 것은 완전히 다르다. 누군가의 말을 받아써서 그걸로 기사를 쓴다는 행위 자체는 동일할지 모르지만 현장에서 누군가의 목소리를 직접 듣는 것과 스피커나 이어폰을 통해 듣는 것은 같다고 할 수 없다. 현장에는 분위기라는 것이 있고, 그곳에 누구와 있었는지 또 누구를 만났는지에 따라 기사는 얼마든지 달라질 수 있기 때문이다. 반대로 현장에 가지 않고 온라인으로 듣고 기사를 쓰는 것에는 변수가 전혀 없다. 당연히 같은 상황에 처한 기자들은 서로 유사한 기사를 쓰게 된다. 극장에서 영화를 보는 일과 집에서 영화를 보는 일이 전혀 다른 체험인 것처럼 말이다. 중앙극장이 없어지고 씨네코드선재가 사라지더니, 이제는 영화관이라는 현장이 사라지는 것만 같아서 나는 종종 텅 빈 영화관을 가만히 보고 있을 때가 있다.

그래서 영화관에 관한 이야기를 마지막으로 하나 더 해 보고 싶다. 두 번째 수능을 본 직후였다. 재수를 했는데도 성적이 좋지 않아서 스트레스가 꽤 있었다. 당시 살던 집에서 빠른 걸음으로 20분 정도 걸으면 나오는 번화가에 작은 영화관이 하나 있었다. 대학생인 친구가 우울해하지 말고 영화나 한 편 보고 술이나 마시자며 불러내기에 나갔다. 그 대학생 친구가 말하길 우리와 고등학교 때 같은 반이었던 다른 친구가 그 영화관에서 아르바이트를 하는데, 영화를 공짜로 보게 해 준단다. 그 친구를 찾아갔더니 인기 많은 영화는 좌석이 겹칠까 봐 못 보여 주고 관객이 별로 없는 영화를 보여 주겠다고 했다. 그 인기 없는 영화는 바로 쿠엔틴 타란티노의 〈킬 빌〉(2003)이었다. 그때 우리는 타란티노가 누군지도 전혀 몰랐다. 포스터를 보면서 더럽게 재미없게 생겼다고, 뭐 이런 영화를 보여 주냐며 투덜거렸던 나와 친구는 영화가 끝나고 나올 때에는 반쯤 정신이 나가 있었다. 우리는 이런 말을 했다. "존나 재밌다." "어, 진짜 존나 재밌었어." 그때 영화관에서 〈킬 빌〉을 보지 않았다면 나는 영화가 "존나 재밌"는 그 감정을 절대 알지 못했을 것이다.

저널리즘

?

나는

날

위해서

쓴다

나는 나를 위해 썼다. 저널리즘 같은 것은 없었다. 기자 생활 초기에는 경력이 조금 더 쌓이고 나면 대단하지는 않더라도 나름의 저널리즘이 생기고 그 가치를 지키기 위해 기사를 쓰게 될 것이라고 생각했다. 그리고 그런 모습을 꿈꿨다. 하지만 그런 일은 벌어지지 않았다. 저널리즘이라는 단어의 정의는 기자마다 다르게 생각하겠지만, 어쨌든 이 말에는 사회를 나은 곳으로 만들겠다는 의지가 담겨 있다. 나에게는 공익을 위한 마음이 거의 없었다. 나는 그저 기사를 잘 쓰고 싶었다. 이유는 잘 모르겠다. 내가 그걸 원했기 때문이라는 말 외에는 달리 할 말이 없다. 저널리즘의 부재는 때로 콤플렉스였다. 과거에 어떤 기자가, 요즘에 어떤 기자가, 외국에서 어떤 기자가 그들이 쓴 기사의 사회적 가치나 국민의 알 권리 같은 것을 언급하면 나는 왜 저런 대의에 관심이 가지 않는지 생각하고는 했다. 영화 담당 기자가 아니라 정치부·사회부·산업부 기자일 때에도 그랬다. 나는 그저 잘 쓴 기사를 원했고, 기사의 사회적 의미는 크게 생각하지 않았다.

기자가 된 후 버스나 지하철을 타면 옆자리에 앉거나 가까이에 서서 자기 휴대폰 화면을 들여다보고 있는 사람이 혹시나 내가 쓴 기사를 읽고 있는 것은 아닐까 궁금했다. 이 쓸데없는 자의식 과잉이 글을 잘 쓰고 싶은 이유였다. 그러다가 새삼, 직장인들이 출퇴근 시간에 스마트폰으로 기사를 읽는다는 사실을 알게 되었다. 잠을 자고 드라마를 보고 웹툰을 보고 음악을 듣기도 하지만, 기사를 읽는 사람이 꽤 많았다. 나는 경기도에서 서울로 일을 하러 가며 왕복 2시간을 출퇴근에 썼고, 지금도 쓴다. 이 시간이 소중하다는 것은 비슷한 경험이 있는 직장인이라면 누구나 안다. 조금 피곤하기는 해도 그 시간에는 누구의 간섭도 받지 않고 온전히 내가 하고 싶은 일을 할 수 있다. 일하러 간다는데 누가 건드리나. 일 끝내고 집에 간다는데 누가 뭐라고 할 수 있나. 평범한 회사원의 24시간에는 마음대로 쓸 수 있는 시간이 그리 많지 않아서 출퇴근 길 위의 한두 시간이 그만큼 귀하다. 그 시간에 기사를 읽는 사람이 많다는 사실은 나에게 단순한 문제가 아니었다.

요즘에는 그런 일이 거의 없지만, 몇 년 전만 해도 나는 완성도가 낮은 영화를 강하게 비판했다. 영화를 본다는 것은 돈과 시간을 쓴다는 뜻이다. 티켓 두 장을 사면 3만 원에서 4만 원을 쓴다. 시간은 러닝타임 100~120분에다가 영화를 고르고 상영 시간을 선택하고 극장에 가서 영화를 본 후 극장을 빠져나오는 시간만큼 더 든다. 그럼 1시간 40분짜리 영화를 보는 데 아무리 적게 잡아도 3시간을 쓴다. 최소 3만 원에 3시간. 영화를 보는 데에는 이렇게 많은 비용이 든다는 점 때문에 관객의 돈과 시간을 허투루 쓰게 만드는 영화는 비판받아 마땅하다고 생각했다. 영화도 돈 받고 파는 상품과 다르지 않으니 이 계산이 당연하다고 여겼다. 나는 내가 쓴 기사에도 이 논리를 똑같이 적용했다. 물론 돈을 직접 내지는 않지만, 나의 기사를 보는 사람들은 시간이라는 비용을 쓴다. 내가 쓴 글을 읽는 일이 누군가의 시간을 죽이는 일이 되는 것은 견디기 어려웠다. 나의 정신 건강을 위해서 기사를 잘 쓰고 싶었다. 내가 자신 있게 내보일 수 있는 기사를 쓰려고 했다.

다만 나는 "기레기"이기도 했다. 이 부서 저 부서를 옮겨 다니며 온갖 잡스러운 기사를 써 댔다. 그 잡스러움은 조회 수와 광고·홍보에 달려 있었다. 소셜 미디어에 매우 관심이 많은 어느 대기업 부회장의 인스타그램을 보고 기사를 썼다. 조회 수가 잘 나왔으니까. 그 부회장은 그 기사를 캡처해 인스타그램 계정에 또 올렸다. 그 게시물에는 여지없이 "기레기"라는 댓글이 달렸다. 대기업 광고·홍보용 기사도 참 많이 써야 했다. 내가 속한 회사가 그 기업으로부터 광고비를 받았으니까. 그런 기사에는 종종 얼마 받고 이런 기사를 쓰냐는 댓글이 달렸다. 나도 그게 궁금했다. 연예인의 시답잖은 사생활에 관한 기사도 썼다. 그들이 돈을 얼마나 벌고 살을 얼마나 뺐는지에 관한 것들이었다. 이 모든 것이 결국 돈 문제였다. 조회 수도 돈, 광고·홍보도 돈. 어떤 기자는 종종 "기레기"라는 말에 모욕감을 느낀다고 말했지만, 나는 그런 적이 없었다. 내가 때로 "기레기"였으니까.

기사 쓰는 것, 글 쓰는 것이 좋았다. 스트레이트 기사를 쓸 때에는 취재한 각종 팩트를 가장 읽기 좋게 구성하는 일이 재밌었다. 해설 기사를 쓰는 일은 다양한 사실관계를 논리적으로 이어 붙여 가며 설득력 높은 분석을 담아낼 수 있어서 매력적이었다. 영화를 담당할 때에는 리뷰 기사는 리뷰 기사대로, 인터뷰 기사는 인터뷰 기사대로 쓰는 즐거움이 있었다. 그러니까 쓰고 싶은 기사들을 눈치 보지 않고 쓰려면, 잘 쓰고 싶은 기사를 정말 잘 쓰려면, 때로는 "기레기" 짓을 할 필요가 있었다. 언론사 역시 돈이 없으면 굴러 갈 수 없는 기업이고 돈은 대체로 조회 수와 광고에서 나온다. 나는 완전한 "기레기"가 되지 않으려고 부분적으로 "기레기"가 될 수밖에 없었다. 좋게 말해서 내가 속한 조직과 철저한 기브 앤 테이크 관계를 맺었다고 해야 하나. 아마도 내가 쓴 기사 중에 어떤 것을 보느냐에 따라 나에 대한 평가가 극명하게 갈릴 것이다. 저널리즘 같은 것이 없는 기자라는 것이 이럴 때는 편하다. 남들이 나를 어떻게 이야기하든 별로 상관이 없어져 버리니까.

¶

기사를 쓴다는 것은 이처럼 개인적인 일이었기 때문에 다른 일을 하다가도 매번 영화 기자로 돌아갔다. 영화를 그만큼 좋아한다는 점도 있지만, 영화 기사 쓰기를 원했다. 어떤 기사보다 영화 글을 쓸 때, 나를 위해 쓴다는 실감이 났다. 예술 분야를 취재하고 기사를 쓰는 일은 스포츠로 비유하면 피겨스케이팅과 유사하다. 스포츠와 예술이 결합된 것이 피겨스케이팅이다. 육상이나 수영처럼 기록으로 순위를 매기는 종목이 아니다. 피겨스케이팅에서 신체를 단련해 수준 높은 기술을 성공시키는 일은 운동선수의 영역인데, 음악에 맞춰 움직인다는 점에서 예술의 영역에도 걸쳐 있다. 그래서 피겨스케이팅 채점 방식에는 선수의 운동 수행 능력을 평가하는 기술점수와 안무의 완성도를 평가하는 구성점수가 따로 있다. 이와 비슷하게 영화 기자는 영화에 관한 정보를 전달하면서 동시에 영화의 예술적 완성도에 관한 견해를 내놓을 수 있어야 한다. 영화 예술의 의미에 관해 논하며 일반 기사가 다루지 않는 인간과 사회의 내밀한 특성에 관해서도 말할 수 있어야 한다. 그때 그 기사는 기사이면서 동시에 문학이 될 수밖에 없다. 나는 영화 기사의 이 다면성을 사랑했다.

아마도 내가 쓴 글에 나라는 사람의 정체성을 더 담고 싶어서 이런 유형의 기사를 쓰고 싶었던 것 같다. 기자로서 이름을 알리고 싶었다는 것이 아니다. 만약 그런 것을 원했다면 나는 사회부나 정치부에 가서 '단독' 기사를 노렸을 것이다. 나는 그럴 능력도 없었지만, 그러고 싶지도 않았다. 대신 나의 기사가 누구도 아닌 내가 쓴 기사로 보이기를 원했다. 다른 기자로 대체할 수 없는 기사를 쓰려고 했다. 기사의 저작권은 내가 다니는 회사에 있겠지만 그 기사에는 회사 로고로는 가려지지 않는 나만의 느낌이 있기를 바랐다. 이 모든 것이 다 나의 욕심이지만 그 욕심을 최대한 만족시킬 때 더 나은 기사가 나온다고 생각하기도 했다. 사심을 채울수록 기사의 질은 올라갈 것이고, 그 개인적 욕망이 기사의 공공재적 성격을 강화해 준다고 판단했다. 또 한 번 말하지만 이것은 어쩌면 나의 자의식이 과해서 벌어지는 일인지도 모른다. 사실 나도 내가 어쩌다 이런 식으로 일을 하게 된 것인지 모르겠다. 그래도 나쁜 짓을 하는 것은 아니니까 괜찮다고 생각할 뿐이다.

¶

한 선배의 말이 기억난다. 그가 나의 기사를 보더니 말했다. "음……. 잘 썼어. 잘 썼는데, 우리가 영화 전문지는 아니잖아." 알고 있었다. 내가 다니는 회사가 정치·경제·사회·문화를 모두 다루는 종합 언론사라는 사실을 모를 리 없었다. 그의 의도적인 지적에 "그래서 어쩌라고요" 같은 밑도 끝도 없는 대꾸를 하며 면박을 주고 그 기사를 왜 그렇게 써야 하는지에 관해 친절하면서도 무례하게 설명해 주고 싶었지만, 하지 않았다. 대신 "그쵸"라고만 말했다. 알아듣지 못할 말을 해 봤자 시간만 아까웠다. 게다가 그에게는 나의 기사를 수정하거나 출고를 막을 권한이 없었다. 어차피 나의 기사는 내가 쓴 대로 공개될 예정이었다. 또 어떤 선배는 말했다. "우리가 쓰는 기사는 인터넷 공간에 흩뿌려져. 기사라는 게 하루만 지나도 의미가 없어진다니까." 나는 그의 새삼스러운 통찰의 의미를 알고 있었다. 이번에도 "그래서 어쩌라고요"라고 내뱉고 싶었지만 참았다. 그때에도 나는 "그쵸"라고 답했다. 그에게도 나의 기사를 수정할 권한은 없었고, 나의 기사는 내가 쓴 그대로 노출되었다.

기자 생활 10년째이다. 아주 긴 시간이라고 할 수는 없지만 10년을 일했다고 생각하면 나 스스로도 잘도 견뎠다는 생각을 하게 된다. 10년간 기자 외에 다른 직업을 생각해 보지 않았다. 천직까지는 아니어도 잘 맞는 일이라고 여기기는 했다. 기자 일을 관두지 않은 데는 여러 이유가 있지만, 가장 결정적인 것은 기사 쓰는 일, 글 쓰는 일에 질리지 않았다는 점이다. 아주 조금씩이라도 글이 전보다 나아졌다는 느낌을 꾸준히 받은 것이 큰 동력이었다. 실제로 과거에 썼던 기사보다 최근에 쓴 기사가 낫다는 것을 스스로 수차례 확인했고, 기사를 쓸 때 나만 알 수 있는 어떤 감각 같은 것이 더 좋아졌다고 판단했다. 그 감각은 정확히 말로 표현하기는 어렵지만 예전보다 경험이 쌓여서 생긴 변화인 것 같다. 그리고 앞으로도 나의 글이 좋아질 것이라고 생각한다. 그러면 이 일을 조금 더 해도 괜찮겠다는 용기가 생긴다. 밤늦게까지 기사를 붙잡고 있다가 '이게 다 무슨 소용이냐'고 생각하던 적이 있었는데, 그게 아무 의미 없는 일은 아니었다는 것이 나를 위로해 준다.

"
정말 만든
사람은
정빈님
한 명
뿐이네요
"

누구에게나 종종 생각나는 영화가 있다. 나에게는 짐 자무시 감독의 〈패터슨〉(2016)이 그렇다. 이 영화는 아무 이야기도 아니다. 미국 뉴저지 주 패터슨이라는 도시에서 버스 운전사로 일하는 패터슨이라는 남자의 일주일을 담을 뿐이다. 그 일주일의 일상에는 아무런 사건도, 사고도 없다. 아내 그리고 불도그 한 마리와 함께 사는 패터슨은 매일 아침 6시 10분께 일어나 시리얼을 먹고 출근해 버스를 몰다가 해가 지기 전에 퇴근해 아내와 저녁을 먹은 후 개를 데리고 산책을 나가 단골 바에서 맥주 한 잔을 마시고 집에 돌아오는 생활을 반복한다. 이게 이 영화의 전부이다. 굳이 특별한 점을 꼽자면 패터슨이 비밀 노트에 매일 시를 쓴다는 것. 이마저도 다른 영화들과 비교하면 특별하지 않다. 혹시 그 노트에 패터슨의 엄청난 비밀이 숨어 있는 것 아니냐고 할지 몰라서 다시 한번 말하면 〈패터슨〉에 그런 일은 없다. 그런데 이 영화, 아무것도 없어서 텅 비어 있을 것 같지만 오히려 가득 차 있다. 이런 〈패터슨〉은 나에게 2시간짜리 좋은 강의 같기만 하다.

자무시 감독의 〈패터슨〉은 그가 영상으로 쓴 시(詩)이다. 패터슨의 일주일은 마치 7개의 연(聯)이다. 자무시 감독은 크게 보면 똑같이 반복되는 패터슨의 하루하루에 아주 작은 차이를 둬 리듬과 운율을 만든다. 이를테면 이런 것이다. 패터슨은 매일 아침 일어나자마자 시계를 확인하는 버릇이 있는데, 대체로 6시 10분 정도에 일어나던 패터슨이 어느 날에는 6시 반이 다 되어서야 일어나는 모습을 보여 준다. 그러면 관객은 어젯밤 그에게 무슨 일이 있어서 늦잠을 잤는지 추측해 본다. 집안 사정에 대한 불만을 자주 토로하던 회사 동료가 어느 날 입을 꾹 다물 때, 관객은 전날 밤 그에게 무슨 일이 있었는지 생각해 본다. 매일 똑바로 세워 놓는데도 우체통은 왜 자꾸만 기울어질까. 자무시 감독은 〈패터슨〉을 넉넉하게 비워 놓고 그 빈 곳을 관객이 직접 채우게 한다. 관객이 상상하고 추측하며 이야기를 채울 때, 아무 일도 벌어지지 않는 패터슨의 일주일은 영화가 된다. 그리고 시가 된다.

패터슨이 매일같이 쓰는 시라는 것도 어떻게 보면 별게 아니다. 그의 시는 일상이다. 다시 말해 패터슨은 자무시 감독이 〈패터슨〉을 연출한 방식으로 시를 쓴다. 패터슨이 이 영화 내에서 처음 선보이는 시는 집에 있는 '오하이오 블루 팁' 성냥갑 로고에서 출발한 작품이었다. 그는 아무것도 아니던 성냥갑에 의미를 담아 그것을 사랑의 상징으로 만들어 낸다. 패터슨은 일상에서 보고 들은 것을 내버려 두지 않고 시로 만든다. 이 영화는 패터슨이 시를 쓰는 모습과 시를 읊는 장면을, 패터슨이 운전하면서 보는 풍경과 승객들의 이야기에 겹쳐 놓는다. 그의 일상이 곧 시가 된다는 표현이다. 시를 써 놓은 노트가 개가 물어뜯어 엉망이 되었을 때, 그는 크게 실망한다. 사건이라고 할 수도 없는 그 일에 패터슨의 마음이 흔들리는 것은 시를 통해 의미를 부여한 일상이 시가 모두 사라짐으로써 어떤 의미도 없는 하루로 회귀했기 때문인지도 모른다. 그러니까 그는 시를 써서(스스로 의미를 부여함으로써) 살아갈 수 있었던 것인지도 모른다.

나에게 〈패터슨〉은 메시지이다. 자무시 감독은 무의미하게 반복되는 일상, 부질없이 지나가 버리는 하루가 얼마든지 시가 되고 영화가 될 수 있다는 조언을 꽤나 명확하게 관객에게 전하고 있다. 중요한 것은 무심코 지나가는 삶의 한순간에 어떤 스토리를 채워 넣을 수 있느냐, 아무것도 아닌 시간에 스스로 어떤 의미를 부여하느냐이다. 결국 모든 것이 나에게 달렸으니 삶이 부질없이 흘러가 버린다고 한탄만 하고 있을 이유가 없다. 영화 마지막 대목에서 패터슨은 한 사내에게 빈 노트를 선물받는다. 그 노트가 내 것이 되려면 노트의 빈 공간을 내가 채워야 한다. 그래서 〈패터슨〉은 나에게 일종의 강의이다. '당신 스스로 시가, 영화가 될 수 있다. 시와 영화는 대단한 것이 아니다.' 물론 말처럼 쉬운 일은 아니다. 나도 그랬으니까. 이 영화에 감화되었으나 이 메시지를 까맣게 잊고 있었다. 그러나 한 사람을 만나게 되었고, 그와 대화를 마친 후 나는 편집 장이 되어 영화 매거진 『무비고어』를 만들기로 했다. 그때도 나는 이 영화 〈패터슨〉을 떠올렸다. "아하!"

¶

2020년 초에 한 출판사에서 메일이 왔다. 영화 매거진을 만들고 있는데 글을 한 편 써 줄 수 있느냐는 내용이었다. 기억할 만한 한국 영화 한 편을 골라 해당 영화에 관한 다양한 글을 한 권에 담는 형식의 잡지였다. 첫 번째 책을 윤가은 감독의 영화 〈우리들〉(2016)로 만들었고, 두 번째 책에서는 봉준호 감독의 데뷔작 〈플란다스의 개〉(2000)를 다룰 것이라고 했다. 아주 작은 규모의 출판사가 역시 작은 규모로 펴내는 매거진이었다. 마다할 이유가 없었다. 〈플란다스의 개〉는 오래전부터 언젠가 보겠다고 생각했지만 그때까지 보지 않은 작품이어서 이참에 영화도 보고 글도 쓰면 좋겠다고 생각했다. 당시에는 회사 일이 대체로 오후 6시면 끝나서 시간도 있었다. 글을 쓸 수 있는 지면이 생겼다는 점도 좋아서 그 출판사가 만드는 영화 매거진이라는 것이 정확히 어떤 매거진인지 알아보지도 않고 일단 하겠다고 했다. 나는 〈플란다스의 개〉가 단순히 흥행에 실패한 데뷔작이 아니라 봉준호 영화의 기원이라는 내용으로 약 6,800자 분량의 글을 써서 보냈다.

　　매거진은 그해 10월에 나왔고, 출판사를 운영하며 매거진을 만든 정세현 씨를 만난 것은 그다음 달이었다. 출간 전에 안면을 트기는 했다. 나를 포함해 그 매거진에 글을 쓴 사람들과 함께한 자리가 두 번 있었다. 11월에는 처음으로 따로 만났다. 내가 먼저 저녁을 먹자고 했다. 사실 글을 보낼 때, 정세현 씨와 그 매거진에 대한 믿음은 없었다. 정말 나오기는 하는지 알 수 없었고, 프로젝트의 취지는 이해했지만 굳이 매거진으로 만들 정도로 공을 들일 일인지 의아했다. 그걸로 돈을 벌 수 있기는 한 것인지도. 어쨌든 매거진은 나왔고, 꽤 근사했다. 결과물이 나왔다는 것 자체가 좋았달까. 그 매거진을 보고 있으니 정세현 씨를 따로 만나서 이야기를 들어 보고 싶었다. 일종의 취재가 하고 싶었던 것 같다. 성수동에서 그를 만나 밥을 먹고 차를 마시면서 매거진에 관해서 묻고 그의 이야기를 들었다. 두어 시간의 만남이 끝나고 집으로 돌아오는 길에 나도 매거진을 만들기로 했다. 영화 매거진 『무비고어』는 그날 정세현 씨를 만나 탄생했다.

그는 매거진을 어떻게 만들었는지를 이야기했다. 정세현 씨의 말은 과장이 없고 담백했다. 그는 〈우리들〉이라는 영화를 봤고, 혼자만 알기에는 아까워서 더 많은 사람에게 알리기 위해 매거진을 만들기로 했단다. 정세현 씨는 내가 생각했던 것보다 일을 제대로 했다. 매거진을 정식 판매하기 위해 1인 출판사를 차렸고(출판사 등록을 해야 바코드를 받을 수 있다), 매거진에 〈우리들〉의 스틸 컷을 넣기 위해 영화사를 통해 정식으로 저작권 문제를 해결했다. 필진을 구성해 글을 모았고, 그 글들을 모두 편집했다. 디자인에도 관여했으며, 크라우드 펀딩을 해 제작비 일부를 충당했고, 매거진이 나온 후에는 출간을 기념해 영화 상영회를 열고 윤가은 감독과의 GV도 진행했다. 그는 이 일을 거의 혼자서 했다. 정세현 씨는 일회성 이벤트로 이 프로젝트를 시작했다가 성취감을 느껴 계속 이어 가 보기로 했다. 그렇게 〈플란다스의 개〉를 다룬 매거진도 나왔다. 그는 〈우리들〉 매거진을 만들 때의 그 번거롭고 수고스러운 작업을 똑같이 반복하면서 동시에 봉준호 감독과 인터뷰를 따내는 데도 성공했다.

그날 정세현 씨와 나눈 대화는 이게 전부였다. 소소한 일상, 책 만드는 이야기. 그가 어떤 사람인지 한 번 만나서는 알 수 없었지만, 그가 매거진을 진심으로 만들고 있다는 것은 모를 수가 없었다. 손이 많이 가서 귀찮고 큰 성과는 기대할 수 없는 작업을 그는 기꺼이 했고 계속하고 있었다. 정세현 씨가 하는 일은 어쩌면 아무 의미 없는 일이었다. 영화 매거진을 만든다는 것이 명예를 가져다주지는 않을 테고, 더군다나 책을 만드는 일로 돈을 벌기란 사실상 불가능하다. 시간과 돈을 써야 하고, 취미 생활이라고 하기에는 상당히 피곤한 일이다. 말하자면 그는 어떤 효용도 없는 일을 정성스럽게 하고 있었다. 만약 누군가 이런 종류의 일을 하고 있다면 그만하는 편이 낫지 않겠느냐고 반응하는 것이 자연스럽겠지만, 나는 오히려 정세현 씨가 그 작업을 더 오래 할 수 있기를 바랐다. 나는 그의 인간성에 관해서는 전혀 알지 못했지만, 책을 만드는 모습을 보면 그는 스스로 삶에 의미를 부여하고 그렇게 만든 동력으로 몸을 움직일 줄 알았다. 그 모습이 나의 마음을 움직였다.

¶

6~7년 전쯤에 마음 맞는 선배들과 술을 마시면서 영화 매체를 만들어 보자는 이야기를 가볍게 한 적이 있다. 잡지를 내자는 건 아니었고, 웹진 같은 것을 만들어 보자고 했다. 진지하게 논의했던 것은 아니다. 좋아하는 영화를 고르고 쓰고 싶은 글을 써서 선보일 수 있는 공간이 있으면 좋겠다는 바람 정도였다. 실현되지는 않았다. 누구도 선뜻 나서지 않은 탓도 있지만, 시간이 흐르고 나와 선배들 모두 각자의 상황이 달라지면서 함께 영화 글을 쓸 여건이 되지 않았다. 정세현 씨가 만든 그 매거진을 보면서 그때 선배들과의 술자리를 떠올렸다. '그때 우리가 이야기했던 걸 정말 했다면 어땠을까.' 돌이켜 보면 그때 내가 나서지 않은 이유는 그 프로젝트를 할 수 없는 상황이어서가 아니라 그 일이 대단한 무엇인가가 되어야 한다고 생각해서였다. 다른 사람의 시선을 의식했다. 중요한 것은 타인의 평가가 아니라 그 일에 대한 내 진실한 마음을 마주하는 것이었다. 그러나 그때 나는 그러지 못했다. 그런데 정세현 씨는 내가 하지 못한 일을 했다. 그래서 나는 그를 만나야 했다.

나는 『무비고어』를 2021년 4월에 냈다. 그 만남 이후 곧바로 작업에 들어갔고, 정세현 씨가 그랬던 것처럼 책이 나오는 과정에서 해야 하는 대부분의 일을 혼자 하면서 나만의 영화 매거진을 완성했다. 나는 『무비고어』에 여러 의미를 담았다. 그중에서도 가장 중요했던 점은 정독할 만한 영화 글을 영화를 사랑하는 사람들에게 전달하는 것이었다. 그들이 영화에 투자한 그 많은 시간을 내가 만든 매거진으로 일부분 보상해 주고 싶었다. 나는 이 내용을 매거진의 맨 첫 장 "편집장의 편지"에 썼다. 첫 번째 매거진을 출간한 후 엄청난 성취감이나 희열을 느끼지는 않았다. 기쁘다거나 행복하다는 감정도 없었다. 매거진을 냈다는 것이 그리 대단한 일이라고 생각하지 않았으니까. 다만 아무 일도 없던 일상에 나 스스로 균열을 낼 수 있고, 그것은 누구도 아닌 나만이 할 수 있는 일이라는 것을 알았다. 매거진이 나온 후 정세현 씨를 다시 만났다. 그는 축하한다며 이렇게 말했다. "저한테 책 만드는 일에 관해 물어본 사람은 많아요. 근데 정말 만든 사람은 정빈 님 한 명뿐이네요."

어떤 사람

어떤 사람

배우나 감독을 인터뷰할 수 있다는 것은 영화 기자 일을 하는 큰 기쁨 중의 하나이다. 여기서 말하는 인터뷰는 인터뷰이와 인터뷰어가 간단히 문답하는 일의 통칭이 아니라, 날짜와 시간과 장소를 정하고 마주 앉아서 대화하는 일을 뜻한다. 어느 분야에서 일을 하든지 기자는 인터뷰를 하게 된다. 하지만 영화 기자, 넓게는 대중문화 담당 기자만큼 인터뷰를 많이 하지는 않는다. 영화계를 포함한 우리나라 연예계는 인터뷰에 열려 있다. 예를 들어 새로운 영화가 개봉하면, 감독과 배우 대부분이 의무적으로 인터뷰에 참여한다. 연예 산업이 돈과 직접적으로 연결되어 있다 보니 인터뷰가 홍보 수단으로 쓰이게 된 영향이 크다. 물론 팬 서비스이기도 하고 언론과의 접촉면을 넓힌다는 목적도 있다. 이런 목적을 떠나서 영화가 나오면 언론과 인터뷰를 해서 관객에게 영화에 관해 이야기하는 것이 배우·감독의 도리이자 의무라고 생각하기도 한다. 대중문화 쪽이 아닌 사회 다른 부문에서는 이런 정식 인터뷰가 생각보다 많지 않다.

인터뷰 한 번으로 인터뷰이가 어떤 사람인지 다 알 수는 없다. 그런데 역으로 1시간짜리 인터뷰라고 해서 인터뷰이가 어떤 사람인지 전혀 알지 못하는 것도 아니다. 이게 인터뷰의 오묘함이다. 영화계에서 인터뷰를 할 때에는 사전에 질문을 알려 주는 경우가 없다. 거의 없는 것이 아니라 전혀 없다(이 역시 대중문화 쪽 인터뷰의 특징이다). 물론 영화 인터뷰에는 반복되는 질문이 있다. 보통 감독에게는 연출 의도를, 배우에게는 연기 방식을 묻는다. 이런 물음에는 답변을 준비할 수 있겠지만, 기자가 던지는 질문 대부분은 예상할 수 없는 것들이다. 게다가 인터뷰 시간이 짧아서 인터뷰이는 오래 생각할 시간 없이 즉답해야 한다. 이 상황에서 그럴듯한 말을 순간적으로 지어내는 일은 쉽지 않기에 평소에 하던 생각을 자연스럽게 말하게 된다. 그러면 결국 인터뷰이가 뱉은 말을 통해 그가 어떤 사람인지 조금은 알게 된다. 그래서 간혹 일부 배우는 자기도 모르게 너무 솔직한 감정이나 마음 상태를 드러내 버려서 인터뷰가 끝날 즈음 민망해하는 경우가 있다.

인터뷰는 일이면서 대화이다. 둘 사이에서 균형을 잡아야 좋은 인터뷰가 된다. 기자에게 인터뷰는 기본적으로 일이다. 인터뷰이를 만나서 이야기하는 것으로 끝나는 것이 아니라 기사를 완성해야 끝난다. 기사를 쓰려면 수다만 떨고 있을 수 없다. 기사가 될 만한 질문을 던져야 한다. 때로는 공격적으로 질문해서 원하는 답을 들어야 하고, 때로는 아무것도 모르는 척 바보 같은 질문을 해서 답변을 이끌어 내야 한다. 때로는 불편한 상황도 만들 수 있어야 한다. 일은 해야 하니까. 다만 일방적으로 질문만 던지고 있을 수는 없다. 인터뷰는 취조가 아니다. 인터뷰이가 마음을 닫지 않게 하려면 그들의 말을 유심히 듣고 자연스럽게 대화해야 한다. 잡담을 한다는 것이 아니다. 내가 준비한 이야기만 쏟아낼 수 없다는 것이다. 인터뷰이의 말을 듣고 있으면 그들이 물어봐 주기를 원하는 지점이 종종 있다. 그걸 잘 파악해서 질문으로 바꿀 수 있으려면 마치 영어 듣기 평가를 하듯 집중해서 들어야 한다. 인터뷰는 단순히 받아쓰는 일이 아니라 매우 정교한 듣기·말하기 작업이다.

¶

내 첫 인터뷰이는 배우 최다니엘이었다. 최다니엘은 2013년

11월 말에 개봉한 〈11시〉라는 영화에서 주연을 맡았다. 〈아이 캔 스피크〉(2017), 〈시라노; 연애조작단〉(2010), 〈광식이 동생 광태〉(2005) 같은 좋은 영화를 많이 만든 김현석 감독의 SF 스릴러물이다. 초짜 기자 티를 내고 싶지 않아서 준비를 많이 했다. 최다니엘의 전작을 챙겨 보고, 이번 영화에서는 그가 어떻게 연기했는지 반복해서 떠올려 보며 꼼꼼하게 질문지를 만들었다. 나에게 허락된 인터뷰 시간은 50분이었는데, 혹시나 인터뷰가 끝나기 전에 준비한 질문이 떨어지면 당황스러울 것 같아서 별의별 질문을 다 써 갔다. 긴장하기는 했지만 나의 첫 인터뷰는 문제없이 끝났다. 그래도 최다니엘이 보기에 나는 딱 봐도 풋내기 기자였을 것이다. 대화는 할 줄 모르고 준비한 질문만 하기 바빴으니까. 그러고 보면 최다니엘은 참 매너가 좋은 배우였다. 시답잖은 질문을 해도 말이 되게끔 답변해 주었다. 당시는 초겨울이어서 코트를 입었는데, 인터뷰가 끝나고 보니 안에 입은 셔츠 등 부분이 땀에 젖어 있었다.

문화·예술 분야 인터뷰 기사를 높은 수준으로 쓰는 일은 쉽지 않다. 가령 배우를 인터뷰한다고 했을 때, 제대로 된 기사를 쓰려면 그 배우가 신인급이 아닌 한 앞서 출연한 작품을 90% 이상 봤어야 한다. 못 봤다면 챙겨 봐야 한다. 전작에서 어떤 연기를 했는지 파악하고 있어야 하고, 이번에 한 연기가 과거에 했던 연기와 어떻게 같고 다른지를 알고 있어야 한다. 그 배우가 과거 인터뷰에서 했던 발언과 최근 인터뷰에서 했던 발언을 비교하며 연기에 대한 생각이 어떻게 달라졌는지도 조사해야 한다. 사생활 등에서 논란에 휩싸인 적은 없는지도 알면 좋다. 말하자면 인터뷰에서 배우가 했던 말들을 그와 관련한 각종 정보와 함께 꿰어 내 일관성 있는 이야기로 풀어낼 때 좋은 기사가 된다. 당장에 한 인터뷰 내용만으로 쓴 기사는 얄팍하다. 다만 인터뷰 기사 질을 높이려면 시간이 많이 든다는 점이 문제이다. 해야 할 일은 항상 많고 시간은 항상 없지 않나. 상황에 맞춰 빠른 속도로, 적당한 수준을 유지하면서 인터뷰 기사를 쓰는 것도 중요한 능력이다.

인터뷰를 하면서 많이 배웠다. 특히 배우들을 만나서 얻은 것이 많다. 일로 만난 사이이니 그들이 나에게 직접 조언하거나 내가 그들에게 고민 상담을 청할 리는 없다. 다만 그들이 한 말들과 현장에서 보여 준 태도를 보며 나는 어떤 사람인지 종종 돌아보고는 했다. 내가 인터뷰하는 사람 상당수는 우리나라에서 모르는 사람이 없을 정도로 이름이 알려진 이들이고, 이들 중에 또 일부는 자기 분야에서 일가를 이룬 사람이다. 그런 사람들에게는 특별한 무엇인가가 있기 마련이다. 게다가 나는 그런 배우들의 연기를 보며 영화배우를, 그리고 영화를 동경했다. 그리고 그들이 삶을 대하는 시각이나 일할 때의 마음가짐은 어떤지가 항상 궁금하고 알고 싶었다. 기억에 남는 배우가 여럿 있다. 송강호 배우가 보여 준 영화 예술에 대한 예리한 시선, 최민식 배우가 가진 들끓는 에너지, 정우성 배우의 영화를 향한 사랑은 분명 인상적이었다. 그래도 그 많은 사람들 중에 가장 기억에 남는 배우 딱 두 명만 꼽으라면 역시 윤여정 배우와 김혜수 배우이다.

¶

　나는 윤여정 배우처럼 눈빛이 살아 있는 연기자를 본 적이 없다. 그를 만난 것은 2015년이었다. 그가 1947년생이니까, 일흔에 가까운 나이였다. 그런데 윤여정의 눈은 짧지 않은 삶을 살아서 이제는 조용히 황혼을 바라보는 사람의 눈이 아니었다. 생기 넘치는 청년의 눈이었다. 오래되었을지언정 전혀 낡지 않은 사람이었다. 인터뷰를 하면서 윤여정 배우가 그런 눈을 가진 이유를 깨달았다. "60살 때부터는 내가 하고 싶은 거 하면서 살기로 했어요." 나는 이 말에 놀랐다. 누군가는 은퇴할 나이에 그는 새로운 목표를 세웠다. 사람들 대부분은 나이가 들면서 삶의 주도권을 잃는다. 머리는 흐려지고 몸은 둔해지니까, 흘러가는 대로 산다. 아마 이것이 늙는다는 의미일 것이다. 윤여정은 그렇게 살 생각이 전혀 없어 보였다. 일흔이 가까운 나이였는데도. 사는 대로 생각하는 것이 아니라 생각한 대로 사는 것이 뭔지 그를 통해 알았다. 윤여정은 최근 한 방송에서 오스카를 받은 일이 우연이었다고 말했다. 동의하지 않는다. 그 눈빛이 일흔이 넘은 그를 할리우드 스타로 만들었다.

나는 김혜수 배우를 세 번 만났는데, 그만큼 겸손한 연기자를 본 적이 없다. 그는 1980년대 말부터 현재까지 40년 가까운 시간 동안 슈퍼스타로 살았다. 이렇게 오랜 세월 전성기를 유지한 배우는 아무도 없다. 그런 그가 조금 거만하다고 한들 누가 뭐라고 할까. 그렇지 않은 것이 오히려 이상하지 않나. 그런데 김혜수 배우는 최대한 자신을 낮추는 사람이었다. 반대로 상대를 존중하고 높일 줄 알았다. 매번 자기 연기는 부족하다고 했고, 함께 연기한 배우에게 많이 배웠다고 했다. 그의 겸양은 함께 연기한 다른 배우들이 수차례 증언했다. 그는 자기 연기에 아쉬운 점이 있으면 후배에게 조언을 구하는 일도 마다하지 않는다고 했다. 이런 사람을 살면서 본 적 있나. 나는 없다. 김혜수 배우와 인터뷰하다 보면 그가 성심성의껏 말하고 있다는 것이 느껴진다. 보통 인터뷰어가 인터뷰이를 편하게 해 주려고 하는데, 김혜수 배우는 반대로 기자를 편하게 해 준다. 기자들 중에 그를 좋아하지 않는 사람을 보지 못했다. 나는 그에게서 진짜 성숙한 어른이라는 것이 무엇인지 배웠다.

영화 기자 일의 가장 큰 즐거움이 인터뷰라고 생각하기에 인터뷰 환경이 점점 나빠지고 있다는 점은 아쉽다. 인터뷰는 보통 인터뷰어가 인터뷰이를 일대일로 만나서 이뤄져 왔지만, 최근 영화계에서 일대일 인터뷰는 찾아보기 어렵다. 인터뷰에 참여하는 매체가 너무 많아졌다. 만약 〈오징어 게임〉(2021)으로 글로벌 스타가 된 이정재 배우가 모든 언론사 기자와 일대일로 각각 50분을 할애해 인터뷰를 하면, 하루 8시간씩 열흘을 써도 시간이 모자랄 것이다. 그러다 보니 배우와 기자가 일대다로 만나는 일이 일반화되었다. 같은 시간에 함께 참여하는 기자들이 있으면 나의 주도로만 인터뷰를 끌어가는 것이 쉽지 않다. 서로 질문을 몇 번씩 할지 정하지는 않지만 최소한 공평하게 기회를 나눠 가져야 해서 하고 싶은 질문을 다 하지 못하는 경우도 있다. 질문에 이은 답변 그리고 이어지는 후속 질문이 중요한데, 다른 기자들과 함께 인터뷰하게 되면 후속 질문 역시 쉽지가 않다. 인터뷰 내용이 비슷해지다 보니 결국 어떻게 하면 차별화된 기사를 쓸 수 있을지 더 고민하게 된다.

정말 인터뷰하고 싶었지만 아직 못 해서 아쉬운 인터뷰이가 한 명 있다. 이창동 감독이다. 이창동 감독이 〈버닝〉을 내놓은 2018년에 나는 영화 기자가 아니었다. 영화 기자로 일하면서 언제나 기다려 왔던 순간이 그와의 인터뷰였다. 그래서 내가 영화 담당 기자로 있을 때 이창동 감독의 새 영화가 나오기를 바랐다. 2010년 〈시〉를 내놓은 이후 2~3년이 지나자 그의 새 영화가 나온다는 이야기가 매년 나왔지만, 여러 이유로 제작에 착수하지 못한 것으로 안다. 결국 내가 다른 부서에 있을 때 〈버닝〉이 나왔다. 이창동 감독 영화 중에 좋아하지 않는 작품이 없는데, 그중에서도 꼽으라면 역시 〈밀양〉(2007)이다. 그 정도로 영화에 압도되어 깊이 빠져들었던 것은 처음이었다. 신애(전도연)의 고통에 나도 함께 신음했고, 신애의 고난을 온전히 이해할 수 없는 종찬(송강호)처럼 나도 무기력했다. 〈시〉가 나오고 나서 〈버닝〉이 개봉할 때까지 8년이 걸렸다. 이창동 감독의 차기작이 이보다는 빨리 나와서 그와 대면할 수 있기를 기대한다.

그
영화의
끝
,
그
영화의
멋

언론 시사회가 열리는 상영관은 일반 관객이 표를 사서 들어오는 상영관보다 상대적으로 조용하다. 누가 봐도 재밌는 장면이 나오는데도 큰 웃음이 터지는 경우가 드물고, 반대로 눈물이 나올 수밖에 없는 장면이 지나가는데도 감정 동요가 크지 않다. 영화 기자가 일반 관객과 다른 감성을 갖고 있거나 영화를 일반 관객보다 비판적으로 보기 때문이라고 생각하지는 않는다. 일과 여가의 차이라고 하는 것이 가장 적절하다. 진지하게 일을 하는데 활짝 웃으면서 하는 경우는 없지 않나. 데이트를 하며 휴식을 즐기는데 무표정하게 있지도 않는다. 언론 시사회가 아무리 차갑고 가라앉은 분위기 속에서 진행된다고 해도 영화가 주는 충격이 강한 경우에는 극장 전체가 술렁이기도 한다. 가장 최근에는 〈스파이더맨: 노 웨이

홈〉(2021)이 그랬다. 서로 다른 우주에 존재하는 스파이더맨 세 명이 한자리에 모이자 박수가 터져 나왔다. 반대로 〈곡성〉(2016) 시사회에서는 아주 작은 소리 하나 들리지 않았다. 상영관에 있는 관객 전체가 영화에 압도당했다는 느낌이 들었다.

언론 시사회에서 영화가 끝나고 나오는 박수는 최고의 찬사이다. 의심의 여지 없이 그 작품이 매우 뛰어났다는 의미이다. 단순히 좋은 영화라는 의미를 넘어 다른 영화들이 주지 못한 경험, 즉 흔히 이야기하는 영화적 체험을 선사했다는 뜻이기도 하다. 영화 기자를 하면서 수많은 시사회를 다녔는데, 엔딩 크레딧이 올라갈 때 박수가 나온 적은 딱 세 번이었다(내가 영화 기자였던 기간에 한정해 말하는 것이다). 2015년 〈위플래쉬〉, 같은 해 〈매드 맥스: 분노의 도로〉, 다음 해 〈라라랜드〉. 이 중에 〈위플래쉬〉와 〈라라랜드〉는 데이미언 셔젤 감독의 영화이다. 〈위플래쉬〉는 데뷔작, 〈라라랜드〉는 그의 두 번째 영화였다. 시사회 이후 박수가 나오는 영화를 연달아 두 편 만들면 서른두 살의 나이에도 거장으로 불릴 수 있다. 〈매드 맥스〉를 연출한 조지 밀러 감독은 당시 나이가 일흔이었다. 이 노장 감독이 무시무시한 에너지로 가득 찬 영화를 만들어서 관객의 박수를 이끌어 냈다는 것, 밀러 감독은 나이가 많을 뿐 셔젤 감독과 같은 청년 감독이라는 이야기이다.

세 영화에는 공통점이 있다. 엔딩 시퀀스(sequence)가 유사하다. 〈위플래쉬〉의 마지막 장면에서는 앤드류(마일즈 텔러)와 플레쳐 교수(J. K. 시먼스)가 눈빛을 교환한다. 〈매드 맥스〉는 퓨리오사(샬리스 세런)와 맥스(톰 하디)가 눈으로 짧은 대화를 나누며 끝난다. 〈라라랜드〉 역시 그렇다. 미아(엠마 스톤)와 세바스찬(라이언 고슬링)이 눈을 마주치며 영화가 종료된다. 그러고 보니 나는 이 영화들의 '눈빛 엔딩'을 하나같이 좋아했다. 〈라라랜드〉에서는 애달픈 사랑 그리고 잊지 못할 교감과 지지를, 〈매드 맥스〉에서는 약자들의 연대와 전우애를, 〈위플래쉬〉에서는 광기의 교차와 합일을 봤다. 짧은 장면이지만 그들의 눈에는 앞서 관객이 목격한 영화의 전체 장면이 응축되어 있다. 다시 말해 관객은 그 눈빛들에서 영화를 관통하는 감정을 느끼는 것이다. 그러니 아무리 딱딱한 언론 시사회라고 해도 박수가 터져 나올 수밖에 없었을 것이다. 이 세 작품의 마지막 장면들은 아무리 봐도 질리지 않는다.

¶

영화 엔딩 하니까 떠오르는 영화가 한 편 더 있다. 〈맨체스터 바이 더 씨〉(2016)이다. 주연 배우 케이시 애플렉이 아카데미 남우

주연상을 받은 작품이다. 이 영화의 엔딩도 눈빛 교환 장면이냐고? 전혀 아니다. 눈과 눈이 마주치는 것은 꽤나 감성적인 순간인데, 이 작품은 그런 촉촉함과는 거리가 멀다. 〈맨체스터 바이 더 씨〉의 마지막 장면은 무미건조하다. 삼촌인 리(케이시 애플렉)와 조카인 패트릭(루카스 헤지스)이 함께 낚시하는 모습이 전부. 이 시퀀스에는 극적인 터치가 없다. 두 사람은 바다 위에 떠 있는 배 위에서 말없이 낚싯대를 던지고 앉아 있을 뿐이다. 몇 년 전만 해도 두 사람은 패트릭의 아버지이자 리의 형인 조(카일 챈들러)와 낚시를 즐겨 했다. 그러다가 리에게 비극적인 일이 일어났고 그 이후로 세 사람은 함께하지 못했다. 그리고 이제 조가 죽었다. 남은 것은 리와 패트릭. 상실의 아픔을 공유하는 두 사람은 이제 아주 조금씩이라도 서로 의지하며 살아야 한다. 이 이야기가 마지막 장면에서 다시 낚시를 함께하는 두 사람의 뒷모습에 담겼다.

언론 시사회에서 〈맨체스터 바이 더 씨〉만큼 힘들게 본 영화는 없었다. 영화 중반부까지만 보면 리는 도무지 이해할 수 없는 사람이다. 감정을 보이지 않는 무뚝뚝한 성격이라는 것은 알겠는데, 패트릭의 후견인이 되어 달라는 형의 유언을 무시하고 장례를 최대한 빨리 처리한 후에 고향 도시 맨체스터-바이-더-씨를 떠나 다시 보스턴으로 돌아가려는 모습을 보면 정신이 올바로 박힌 사람이 아닌 것 같다. 이런 생각이 굳어질 때쯤 영화는 리가 겪은 비극의 전말을 드러내 보인다. 나는 이때부터 이 영화를 계속 보는 것이 쉽지 않아서 연신 몸을 비틀어 댔다. 이렇게 고통스러운 영화인데도 〈맨체스터 바이 더 씨〉는 이상할 정도로 아름답다는 느낌을 준다. 나는 그 이유를 이 작품이 관객을 기만하지 않고 삶의 진실에 가까운 이야기를 하고 있기 때문이라고 보았다. 평범한 영화였다면 고통스러운 삶을 살던 리가 고향으로 돌아와 그 아픔을 극복하는 모습을 그렸겠지만, 이 작품은 다르다. 리는 참고 참아 왔던 말을 토해 낸다. "도저히 이겨 내지 못하겠어(I can't beat it)." 삶의 고통 혹은 어려움은 왜 매번 극복되어야 하나. 이 영화는 삶은 그냥 살아가는 것이라고 말한다. 나는 이 주장을 수용했다.

¶

부정적으로 말하기는 했지만, 모든 극복 서사를 삐딱하게 보는 것은 아니다. 나 역시 어려움을 이겨 내는 이야기에 카타르시스를 느끼며 그런 영화들을 꽤나 좋아하는 편이다. 모든 이야기는 변화와 성장 그리고 극복에 관한 것이 아닌가. 다만 그것을 도식적으로 또는 도구적으로 쓰고 버리는 영화를 좋아하지 않는다. 최근에 본 영화 중에 가장 인상적인 극복 영화는 토드 헤인즈 감독의 〈다크 워터스〉(2019)였다. 토즈 헤인즈는 신작이 나오면 꼭 챙겨 보는 감독 중 한 명. 그래서 〈다크 워터스〉를 사전에 어떤 정보도 없이 봤다가 당황했다. 전작인 〈벨벳 골드마인〉(1998), 〈아임 낫 데어〉(2007), 〈캐롤〉(2015) 같은 요란하고 화려한 작품을 기대했는데 그런 것은 없고 조용하고 수수했다. 기대와 달라서 오히려 좋았다. 그의 영화를 더 신뢰하게 되었달까. 헤인즈는 과시를 위해 스타일을 택하는 감독이 아니라 이야기에 가장 어울리는 스타일을 택하는 감독이라는 것을 확신하게 되었다. 그러니까 〈다크 워터스〉 특유의 차분함은 이 영화의 이야기에 가장 잘 들어맞는 표현 방식이었다.

〈다크 워터스〉는 변호사 롭 빌럿(마크 러펄로)이 1998년에 세계 최대 화학 회사 듀폰을 상대로 시작한 독성 폐기물 유출 관련 소송에서 이긴 과정을 담았다. 흔한 변호사 영화는 소송전을 극적으로 보여 주느라 바쁘다. 법정 내에서의 양측 공방은 마치 액션 영화 같고, 법정 밖에서 각종 음해와 공작이 판치는 장면은 첩보 영화 같기도 하다. 또 정의의 편에 선 변호사는 천재적인 두뇌로 불리한 재판을 단번에 뒤집기도 한다. 그런데 〈다크 워터스〉에는 이런 요소가 없다. 헤인즈 감독은 빌럿이 1998년에 소송을 시작해 승소하기까지 걸린 20년의 세월을 담는 데 집중한다. 그렇다. 이 재판은 실제로 2017년이 되어서야 끝났다. 이 영화는 불의를 극복하고 정의를 바로 세우는 데까지 걸리는 시간, 그러니까 치러야 하는 대가가 얼마나 큰지 그 지난함과 고단함을 이야기한다. 카메라가 담는 것은 방 안을 가득 채운 수없이 많은 문서와 세월에 늙어 버린 빌럿의 얼굴. 어둠은 빛을 이길 수 없다지만 빛을 존재하게 하는 것은 차라리 포기하고 싶을 정도의 고통이며, 심지어 밤은 생각보다 너무 길다.

¶

정의를 이야기하니까, 슈퍼히어로 영화를 말하지 않을 수 없다. 마틴 스코세이지 감독은 슈퍼히어로 영화를 두고 "시네마가 아니라 테마파크"라고 이야기했는데, 나는 이 말에 동의하지만 슈퍼히어로 영화를 깎아내리고 싶지는 않다. 영화가 왜 테마파크이면 안 되나. 2만 원이 안 되는 돈으로 마블이 관객에게 제공하는 정도의 재미를 즐길 수 있다면 큰 불만이 없다. 그런 영화도 있는 법이니까. 최근에 본 슈퍼히어로 영화 중에 가장 인상적인 작품은 〈더 배트맨〉(2022)이었다. 이 작품은 정의가 무엇인지 이야기한다. 배트맨 2년 차 브루스 웨인(로버트 패틴슨)에게 정의는 복수이다. 그에게는 악당을 소탕하고 그들에게 배트맨이라는 공포를 심어 주는 것이 정의이다. 그러다가 웨인은 리들러(폴 다노)라는 악당을 만나서 복수·공포 같은 단어로 정의를 참칭해서는 안 된다는 것을 깨닫는다. 이제 배트맨의 제1목표는 악당을 벌하는 것이 아니라 무고한 시민을 구하는 것. 이 변화를 〈더 배트맨〉은 갑자기 나타나더니 홀연히 사라지는 배트맨의 모습이 아니라, 시민들 곁에서 흙탕물을 뒤집어쓴 채 그들의 안전을 끝까지 지키는 모습으로 표현한다.

슈퍼히어로 영화만큼 정의에 관해 자주 이야기하는 장르는 없겠지만, 나에게 정의 하면 떠오르는 영화는 사실 따로 있다. 데이비드 매켄지 감독의 〈로스트 인 더스트〉이다. 국내에는 2016년 11월에 개봉해서 약 8만 명밖에 보지 않았으니까, 이 영화를 아는 관객이 많지는 않을 것이다. 이 영화를 찾아보게 된 것은 각본을 쓴 사람이 테일러 셰리던이기 때문이었다. 셰리던이 각본을 쓴 〈시카리오: 암살자의 도시〉(2015)를 워낙 인상 깊게 봐서 그가 각본을 쓴 또 한 편의 영화가 개봉한다는 소식을 듣고 꼭 보겠다고 벼르던 차에 언론 시사회가 열리자 기다렸다는 듯이 가서 봤고, 이 작품에 완전히 반해 버렸다. 이렇게 말하고 싶다. 이 영화를 본 이후부터 현재까지 본 모든 영화를 통틀어서 가장 좋아하는 영화 순위를 매긴다면 〈로스트 인 더스트〉가 세 손가락 안에 들 정도로 아낀다고. 〈로스트 인 더스트〉라는 제목의 분위기에 더해 정의를 이야기할 때 떠오르는 영화라고 하면 형사 영화라고 생각할 수도 있는데 그 반대이다. 이 영화는 은행털이범이 주인공이다.

말하자면 이렇다. 법률적 관점으로 보면 두 주인공 토비(크리스 파인)와 태너(벤 포스터)는 특수강도를 저지른 범죄자이지만, 서부적 관점으로 보면 이들은 두말할 나위 없는 정의이다. 과거 서부는 인디언의 땅이었다가 총을 든 백인 카우보이의 땅이 되었고, 현재 이 땅의 주인은 자본력으로 무장한 은행이다. 토비와 태너는 은행을 털어서 땅을 되찾아 오려는 것뿐이다. 그게 서부의 논리 아닌가. 토비의 어머니는 아들에게 땅을 유산으로 남겼으나 은행은 어머니에게 절대 갚지 못할 돈을 빌려준 후 땅을 담보로 잡는다. 이 빚을 갚지 않으면 땅이 넘어가게 된 상황에서 토비와 태너는 은행의 돈으로 은행 빚을 갚고 다시 땅을 되찾으려고 한다. 이 형제 카우보이를 쫓는 사람은 늙은 백인 보안관과 인디언 피가 흐르는 보안관. 여기에 이 시대의 진정한 무법자인 은행이 맞물리는 구도에는 과거와 현재를 꿰뚫는 예리한 통찰이 있다. 무엇보다 〈로스트 인 더스트〉는 멋진 영화이다. 말 대신 도난 차량을 타고, 총과 돈을 주머니에 찔러 넣고 사막을 달리는 형제의 모습은 서부 영화를 본 적이 없는 관객조차도 서부 영화의 낭만을 알게 한다.

1번독자

,

1회의
조회수

,

1개의
댓글

“내 인생에 뭔가 더 있을 줄 알았어(I just thought there would be more).” 한 중년 여성이 이렇게 말하며 눈물을 보인다. 이 여성은 방금 전까지만 해도 아무렇지 않게 아들과 대화를 하고 있었다. 그러다가 갑자기 무너져 버린다. 아들이 대학에 합격해 집을 떠나 다른 도시로 가게 되었고, 이별하는 날이 다가와 짐을 정리하기 시작하자 감정이 복받친 것 같다. 그는 토로한다. “오늘은 내 인생 최악의 날이구나. 네가 날 떠날 거라고 생각했지만 이렇게 신이 나서 갈 줄은 몰랐어. 결국 내 인생은 이렇게 끝나는 거야. 참 많은 일이 있었어. 결혼하고 아기 낳고 이혼하고……. 네가 난독증일까 봐 애태웠던 때도 있었어, 처음 자전거를 가르쳐 줬던 추억도 있지. 그 뒤로 또 이혼하고 석사 학위를 따고 원하던 교수도 되었어. 서맨사를 대학에 보내고 너도 대학에 보냈다. 그런데 이제 뭐가 남았는지 아니? 내 장례식만 남았어." 그리고 탄식하듯 말하는 것이다. "내 인생에 뭔가 더 있을 줄 알았어." 이 대사는 영화 〈보이후드〉(2014) 속 올리비아가 하는 말이다.

나는 이 영화를 아낀다. 이 작품은 또 한 번 나오기 힘든 기획으로 만들어진 데다가 보고 나면 생각에 잠기게 하는 순간이 여럿 있다. 〈보이후드〉에는 6살 소년 메이슨(엘라 콜트레인)이 자라서 대학에 갈 때까지 12년의 시간이 담겨 있다. 잘 알려진 대로 리처드 링클레이터 감독은 이 영화를 12년간 찍었다. 주요 출연진을 매년 불러 모아 일주일 정도 촬영하기를 12회 반복했다고 한다. 이 작품 속의 아이들은 실제로 자라서 성인이 되고, 성인들은 나이를 먹어 늙는다. 이 세월과 함께 삶의 희로애락을 보여 주는 것만으로도 충분히 아름다운데, 〈보이후드〉는 마지막에 가서 올리비아의 저 대사로 한 번 더 도약한다. 우리가 165분으로 축약해서 목격한 12년이라는 시간이 저렇게 몇 문장으로 간단히 정리된다면 산다는 것은 도대체 무엇인지 또 한 번 생각해 보지 않을 수 없을 것이다. 〈보이후드〉는 올리비아의 대사로 끝나지 않는다. 메이슨이 대학에 가서 새로운 인생을 시작하는 모습이 마지막이다. 올리비아의 아픔에도 불구하고 삶은 계속된다는 듯이.

영화 명대사라고 하면 수도 없이 많겠지만, 내가 가장 자주 생각하는 대사는 올리비아의 이 말이다. 나는 이 대사를 좋아했다기보다는 많이 두려워했다. "내 인생에 뭔가 더 있을 줄 알았다"는 말 뒤에는 생략된 문장이 있다. "그러나 특별한 뭔가는 없었다." 나는 종종 불안해했다. 내가 원하고 좋아하는 기자 일을 하고 있다는 것에 안도하면서도 기사를 쓰는 직업을 가졌다는 것 외에는 어떤 것도 되지 못하고 시간만 흘려보내는 것 같아서 조바심이 났다. 뭘 할 수 있고 뭘 해야 하는지는 잘 몰랐지만, 너무 오래 머물러 있기만 하는 것은 아닌지 초조했다. 아마 올리비아는 나 같은 사람이었던 것 같다. 결혼을 했다가 이혼을 하고 아기를 낳아 키우고 공부해서 교수가 되고 자식을 대학에 보내고…… 뭐라도 해야 인생이 달라질 것이라고 믿었으리라. 그런 올리비아의 탄식을 보며 훗날 나의 모습이 올리비아와 겹쳐지면 어쩌나 걱정했다. 그래서 이 대사를 그렇게 자주 떠올렸다.

¶

하루에 세 번씩 네이버에 '손정빈 기자'를 검색한다. 네이버가 기자 페이지를 제공해 주어서 내가 쓴 기사를 따로 모아서 볼 수 있다. 최상단 두 칸에는 사람들이 가장 많이 본 기사가 뜨고, 그 아래로는 출고된 순으로 기사가 정렬된다. 나는 점심 먹기 전에 한 번, 퇴근하기 전에 한 번, 잠자기 전에 또 한 번 내가 쓴 기사를 일일이 확인하고 어떤 반응이 있는지 살핀다. 댓글도 일일이 읽어 보는 편이다. 네이버 검색과 함께 매일같이 하는 일은 기사 조회 수를 확인하는 일이다. 몇 해 전부터 내가 다니는 회사의 기사 송·출고 시스템에 '통계'란이 생겼다. 여기에 접속하면 내가 쓴 기사의 조회 수뿐만 아니라 다른 기자들이 쓴 기사의 조회 수도 확인할 수 있다. 이 수치를 실시간으로 확인하면서 나의 기사 반응을 살피고 독자의 호응을 확인한다. 다른 기자들은 어떻게 생각하는지 모르겠지만, 나는 아무리 악플이 달리더라도 댓글이 없는 것보다는 있는 것이 낫고, 조회 수가 낮은 것보다는 높은 것이 낫다.

일하다 보면 허탈할 때가 있다. 중요하고 의미 있다고 판단해서 공을 들여 쓴 기사가 별다른 반응을 얻지 못한 채 쏟아지는 다른 기사들 속에 파묻힐 때이다. 기사 가치가 조회 수와 댓글로 매겨지지 않는다고는 해도, 누가 봐도 좋은 기사를 썼다고 생각했는데 예상보다 반응이 없으면 어쩔 수 없이 기운이 빠진다. 게다가 각종 가십 기사에 달린 수백 혹은 수천 개의 댓글을 보고 있으면 기사를 더 예리하게 쓰지 못한 나를 탓해야 하는지, 나의 기사를 읽지 않는 독자를 탓해야 하는지, 그것도 아니라면 포털 사이트를 탓해야 하는지 알 수가 없다. 물론 기사 하나에 일희일비하지는 않는다. 업무 결과를 대중에게 실시간으로 확인받는 일을 10년간 하다 보면 그렇게 된다. 정치 기사나 사건·사고 기사와 비교해 상대적으로 반응이 적은 영화 기사를 쓸 때에는 나의 일이 일종의 아카이빙이라고 생각하기도 한다. 당장 눈에 띄지는 않아도 누군가가 정보를 얻기 위해 인터넷을 검색했을 때, 언젠가 나의 기사가 유용한 정보로 쓰일 것이라고 여긴다.

아무리 좋은 쪽만 보려고 해도 그게 잘 안 될 때가 있었다. 내가 지금까지 써 온 기사나 앞으로 쓸 기사가 다 무슨 소용인지 모르겠다는 생각이 드는 순간. '나의 기사 따위는 있으나 없으나 이 세상에 어떤 영향도 주지 않는 것이 아닌가.' 괜한 넋두리가 아니라 진심이었다. 실은 아무것도 아닌 일이고 기껏해야 월급이나 타 먹으려고 하는 일에 애써 의미를 부여하는 것은 아닌지 자문했다. 예를 들면 바로 앞에서 언급한 '아카이빙' 이야기 같은 것들. 이런 생각들을 하다 보면 일을 넘어서 삶 전체를 그렇게 보게 된다. 삶의 순간마다 나에게는 매우 중요하다고 여겼던 일들이 시간이 지나고 나서 보면 별것 아니었다는 생각이 들 때가 누구에게나 있지 않나. 그러다 보면 내가 지나온 꽤 긴 시간 동안 나는 아무것도 하지 못한 것만 같았다. 그럴 때마다 올리비아의 말을 떠올렸다. "내 인생에 뭔가 더 있을 줄 알았어." 그렇다고 해서 올리비아처럼 우는 일은 없었다. 그냥 그렇다고 받아들여 보려고 애썼다.

¶

2017년 12월 말에 결혼을 했다. 결혼 후에 아내는 내가 쓰는 글을 가장 먼저 읽는 '1번 독자'가 되었다. 물론 결혼하기 전에도 아내는 내가 쓰는 기사 혹은 각종 글을 챙겨서 읽어 주었다. 내가 쓴 것들을 아내가 봐 주는 것이 좋았다. 대충 읽는 법이 없었고 항상 꼼꼼하게 본 후에 괜찮은 글이라고 생각할 때에는 분에 넘치게 칭찬해 주었다. 내가 봐도 그리 잘 쓰지 않은 글인데도 좋은 점을 발견해 주기도 했다. 그렇다고 격려만 해 주었던 것은 아니다. 잘못 쓰거나 틀리게 쓴 점이 있으면 날카롭게 짚어 주기도 했다. 아내의 지적에 잠깐 기분이 상했다가도 그 말을 따라서 고치고 나면 언제나 나의 글은 더욱 괜찮아졌다. 결혼 전에는 내가 쓴 것들을 아내에게 가장 먼저 보여 주는 일이 자주 있지는 않았는데, 한집에서 같이 살게 된 이후부터는 뭔가를 공들여 쓰고 나면 일단 아내에게 먼저 제출했다. 유치한 마음이지만 잘 썼다는 말이 또 듣고 싶었고, 나의 글을 정성 들여 읽는 모습이 보고 싶기도 했다. 또 아내 특유의 예리한 피드백을 받아서 더 나은 글을 완성하고 싶었다.

지난 10년간 이런저런 글을 써 온 데는 다양한 이유가 있었다. 일단 그게 일이기도 했고, 취미 생활이기도 했으며, 나를 드러내는 수단이기도 했다. 돈을 벌려고 썼고, 나의 만족을 위해서 썼던 것도 같다. 그런데 결혼을 하고 아내가 나의 1번 독자가 되고 나서 5년 가까이 시간이 흐르자 나는 어느 순간부터 아내에게 보여 주기 위해 글을 쓰고 있었다. 아내를 위해서 쓰는 글이니까 아내만 봐 주면 아무래도 상관없는 일이라고 말할 수는 없겠지만, 글을 쓰는 가장 큰 이유가 아내인 것은 맞다. 아내가 나의 글을 한 번 읽는 것은 그 어떤 것도 대체할 수 없는 조회 수 1회였고, 나의 글에 대한 아내의 코멘트는 그 어떤 것도 대신할 수 없는 댓글 1개였다. 그리고 그 1회의 조회 수와 1개의 댓글은 오랜 시간 나와 나의 글을 가장 먼저 그리고 가장 열렬히 지지해 주었다. 내가 쓴 글이 수없이 쏟아지는 각종 텍스트에 휩쓸려 어딘가에 처박히게 되면 속상하겠지만 그래도 아내가 읽어 주었으니 아무 의미가 없었던 것은 아니라고, 대체할 수 없는 의미를 얻었다고 여길 수 있게 되었다.

"내 인생에 뭔가 더 있을 줄 알았어." 나는 이 대사를 여전히 생각한다. 애써 하는 일들이 아무것도 아닌 것이 될까 봐 두렵고,

삶이 어떤 의미도 없이 흘러가 버리는 것만 같아서 무력할 때도 있다. 아마도 나는 평생 올리비아의 이 말을 극복하지 못할 수도 있다. 그래도 이제는 오래 우울해하지 않는다. 잠시 생각에 잠겼다가 금세 그런 감정에서 빠져나온다. 이 모든 것을 아내라는 뒷배가 있어서 할 수 있다. 앞서 나는 "내 인생에 뭔가 더 있을 줄 알았다"는 말 뒤에는 "그러나 특별한 뭔가는 없었다"는 말이 생략되어 있다고 했다. 이제는 그 뒷문장을 고쳐 써도 괜찮을 것 같다. "그래도 아내가 있었다"라고. 최근에 본 영화 중에 인상적인 대사가 있었다. 브래드 피트가 주연한 영화 〈애드 아스트라〉(2019)에 나오는 대사이다. 긴 우주여행을 마치고 돌아온 로이(브래드 피트)가 말한다. "이제 소중한 것에만 집중해서 살 겁니다. 삶이 어디로 흘러갈지 모르지만 걱정하지 않아요. 가까운 사람들과 의지하며 살면 되죠." 나도 이 말처럼 살아 보려고 한다.

편집자 코멘터리

기자가 영화를 사랑하는 방식

"영화와 사랑에 빠지는 세 단계가 있다. 첫 번째는 같은 영화를 두 번 보는 것이고 두 번째는 영화에 대한 글을 쓰는 것이며 마지막 세 번째는 영화를 직접 만드는 것이다."[•] 영화를 사랑하는 사람이라면 누구나 한 번쯤은 생각해 보았을 이 말로 진부하게 시작해 보자. 첫 번째 단계, 같은 영화를 두 번 보는 것. 넷플릭스와 같은 OTT 서비스를 이용하기 시작하면서 더욱 심해졌다. '보고 싶어요'와 '찜' 목록을 부지런히 채우면서도 막상 시간이 나면 무엇을 볼까 하는 고민으로만 20분을 쓰다가 결국에는 전에 재미있게 본(다시 말해 과거의 내가 직접 검증한) 영화를 재생하게 되었다[아무튼 영

[•] "시네필 3법칙"으로 유명한 이 말은 프랑스의 영화감독 프랑수아 트뤼포가 했다고 널리 알려져 있으나, 사실은 영화평론가 정성일이 트뤼포가 쓴 책 『내 인생의 영화들(Les Films de Ma Vie)』의 문장을 재구성한 것이다. 원문은 다음과 같다. "영화에 대한 나의 열정 가운데 무엇이 나를 감독이나 비평가의 길로 이끌었느냐는 질문을 자주 받는다. 솔직히 말하자면 나도 모른다. 다만 나는 영화와 더 가까워지고 싶었다. 첫 번째 단계는 많은 영화를 보는 것이었다. 두 번째로, 나는 극장을 나서면서 감독의 이름을 적어 두기 시작했다. 세 번째 단계에 이르자 나는 같은 영화를 보고 또 보면서, 만약 내가 감독이라면

화관에 가서 가장 많이 본 영화는 〈매드 맥스: 분노의 도로〉(2015)이다] 두 번째 단계, 영화에 대한 글을 쓰는 것. 홍상수 감독의 영화를 딱 두 편[〈지금은맞고그때는틀리다〉(2015)와 〈그 후〉(2017)] 보고 나서 어설프게 리뷰를 써 보았으나 맞고 틀리고를 떠나서 재미도 없고 부끄럽기만 했으며 그 후로는 단 한 번도 시도하지 않았다. 세 번째 단계, 영화를 직접 만드는 것. 딱 하루 11시간 동안 네 곳의 장소에서 촬영을 하고 딱 한 달 동안 편집을 해서 완성한 단편 영화가 있었으나 이 작품에 대한 나의 마음은 아직 정리되지 않았다(한편 트뤼포의 영화는 지금까지 단 한 편도 보지 않았고 정성일의 영화도 마찬가지이다……).

시네필 3법칙을 처음에 알게 되었을 때 나는 결코 영화를 직접 만드는 세 번째 단계에 이를 수 없다고 생각했는데 각 다음 단계들을 정말 우연히도 넘게 되었고["엄마는 항상 인생이 초콜릿 상자와 같다고 말씀하셨어요, 초콜릿을 집기 전에는 무엇을 집을지 알 수가 없다고(Mama always said life was like a box of chocolates, you never know what you're gonna get)."—〈포레스트 검프〉(1994)] 이상하게도 그때마다 오히려 의심이 들기 시작했다. 영화에 대한 나의 사랑이 점점 더 깊어지는 것인가? (이렇게?) (이런 마음이?) (진짜로?) 그러다가 『무비고어』를 읽었다. 그리고 궁금해졌다. 『무비고어』 편집장은 어떻게(왜) 이렇게(까지) 매거진을 만들었는가? 그가 기자라는 것을 알고는 또 다른 질문이 생겼다. 기자는 영화를 (도대체) 어떻게 사랑하는가?

¶

손정빈 기자는 일주일에 한 편씩 글을 보내 주었다. 그전에 몇 통의 이메일을 주고받으며 정리했던 방향과 콘셉트와 분량 모두가 언제나, 매번, 놀라울 정도로 정확했다. 사회적 이슈와 그의 개인적 경험, 그리고 영화 이야기가 균형 잡힌 그의 글을 읽다 보면 그가 오랫동안 고민해 온 지점들이 자연스럽게 드러났다. 특히, 주저리주저리 늘어놓지 않는 단단한 글인데도 솔직한 표현들이 툭툭 튀어나오면서 만들어 내는 어떤 선명함이 좋았다. 요컨대 그의 글은 읽는 맛이 있었다, 마치 영화 DVD를 구매하거나 GV에 참석하면 들을 수 있는 코멘터리나 뒷이야기처럼.

그리고 이상하게도, 다 잊어버렸다고 생각했던 순간들이 기억났다. 〈내 이름은 조〉(1998)를 보려고 하이퍼텍 나다에 갔던 것(상영 시간보다 조금 늦어서 맨 뒷자리에서 볼 수밖에 없었다). 강의실을 빌려서 친구들과 영화 세 편을 연달아 보았던 것[〈폴라로이드 작동법〉

어떤 선택을 했을지를 생각하기 시작했다.” 박강수, “[가짜명언 팩트체크] 각색된 프랑수아 트뤼포의 ‘영화광 3법칙’”, 『뉴스톱』(2020. 2. 11), www.newstof.com/news/articleView.html?idxno=10214 참조.

〈2004), 〈청소년 드라마의 이론과 실제〉(2009), 〈숏텀 12〉(2013)]. 〈이제 그만 끝낼까 해〉(2020)를 보고 너무 좋아서 주변 사람들에게 자꾸 추천했던 것(모두 다정하게도 이 영화를 봐 주었으나 반응들은 좋지 않았다……). 평생 들어 본 적 없었던 영화 팟캐스트를 찾아서 듣기 시작했고, 돌비 애트모스 3D 사운드 시스템을 도입한 영화관에 가 보았으며, 아주 오랜만에 전주국제영화제에 가서 영화가 끝날 때마다 관객들과 같이 손뼉을 쳤다. 그리고 깨달았다. 나는 역시 영화를 사랑하는구나. 그리고 기자는 다른 사람들(독자와 관객들)이 영화를 사랑하게 만드는구나, 이것이 기자가 영화를 사랑하는 방식이구나.

저자 **손정빈**

『뉴시스』 영화 담당 기자. 영화 매거진 『무비고어』 편집장. 2013년부터 『뉴시스』에서 일했다. 사회부·정치부·산업부를 거쳤고, 영화를 가장 오래 맡았다. 2021년 『무비고어』를 창간했다.

편집자 **김윤우**

출판공동체 편않에서 기획 및 편집 등을 맡고 있다. 크지도 작지도 않은 출판사에서 편집자로 일한다. 최강신의 『왼손잡이 우주』를 연달아 두 번 완독했다.

디자이너 **기경란**

출판공동체 편않에서 기획 및 디자인을 맡고 있다. 그리고 또 어딘가에서 북디자인을 하고 있다. '고전문학 덕후'라는 별명을 가지고 있다.

언론·출판인 에세이 시리즈 〈우리의 자리〉는

언론·출판 종사자가 각각 자신의 철학이나 경험, 지식, 제언 등을 이야기해 보자는 기획입니다. 언제부턴가 '기레기'라는 오명이 자연스러워진 언론인들, 늘 불황이라면서도 스스로 그 길을 선택하여 걷고 있는 출판인들 스스로의 이야기가 우리 사회의 저널리즘과 출판정신에 어떻게 기여할 수 있을지 계속 고민해 보려고 합니다.

출간 목록

『박정환의 현장: 다시, 주사위를 던지며』

『손정빈의 환영: 영화관을 나서며』

『고기자의 정체: 쓰며 그리며 달리며』

(근간)

『안영이의 레이어』

『믿기자의 고심』